国家社会科学基金项目资助

刘佳琦 著

中国日语学习者中介语语音语料库的构建及应用

上海交通大学出版社
SHANGHAI JIAO TONG UNIVERSITY PRESS

内容提要

本书介绍了"中国日语学习者中介语语音语料库"的构建过程与应用成果。第 1 章绪论介绍了本语料库的内容、意义及团队成员的主要工作。第 2 章爬梳了日语母语者与日语学习者口语语料库的现状，提出构建学习者语音语料库的基本思路。第 3 章介绍了本语料库的理论框架、特征、结构、组成以及标注系统与标注步骤，并详细记录了三个横向库与两个纵向库收录的语音语料、参与者、收录步骤及标注方案。第 4 章列举了基于本语料库开展的两项习得实证研究、两项日语语音教学研究以及一项综述型研究。

图书在版编目(CIP)数据

中国日语学习者中介语语音语料库的构建及应用/
刘佳琦著. —上海：上海交通大学出版社,2024.7
ISBN 978 - 7 - 313 - 29969 - 7

Ⅰ.①中…　Ⅱ.①刘…　Ⅲ.①日语—中介语—研究
Ⅳ.①H364

中国国家版本馆 CIP 数据核字(2023)第 243728 号

中国日语学习者中介语语音语料库的构建及应用
ZHONGGUO RIYU XUEXIZHE ZHONGJIEYU YUYIN YULIAOKU DE GOUJIAN JI YINGYONG

著　　者：刘佳琦
出版发行：上海交通大学出版社　　　　地　　址：上海市番禺路 951 号
邮政编码：200030　　　　　　　　　　电　　话：021 - 64071208
印　　制：苏州市古得堡数码印刷有限公司　经　　销：全国新华书店
开　　本：710mm×1000mm　1/16　　　印　　张：12.75
字　　数：208 千字
版　　次：2024 年 7 月第 1 版　　　　　印　　次：2024 年 7 月第 1 次印刷
书　　号：ISBN 978 - 7 - 313 - 29969 - 7
定　　价：88.00 元

前 言

　　新一轮信息技术不断涌现，以自然语言处理为基础的数智时代已然来临。数据驱动的语言研究浪潮推进了中国外语教育领域的数字化转型与融合创新。语言学家与语言教育学家对学科具有专业敏感度，传统的研究方式固然是研究者们安身立命的基本功，也会萌生新颖的研究命题。与此同时，外语类人文学者更要学习从语料库或大数据库中获取更客观且全面的知识，充实并拓展原有知识图谱，"守正"与"创新"的攻守并举才是外语事业发展的大势所向。

　　一切教育信息技术革新的推动力皆来源于"有价值的数据"，即有规划地采集且经过完整标注的数据。首先，"有价值的数据"可为检验语言学研究中的各种假说提供可参考的路径和反思的起点。其次，"有价值的数据"更符合语言的概率特质，可使语言学家从鲜活的人类语言使用中发现更具解释力和预测力的语言系统运作规律。再次，"有价值的数据"有助于学界理解语言知识的获得、表征和处理，进而探索大脑的工作机理及智能的产生机制。

　　除此之外，我们还必须明确数智技术革新的根本应立足于解决外语教学或研究中的实际问题，这也是本书的研究目标所在。本书始终以中国日语学习者为研究对象，聚焦于语音习得与教学的难点及痛点开展研究，致力于解决中国日语学习者的语音习得与教学中的实际问题。本书通过对中国日语学习者的中介语语音语料库的设计、采样、标注、建库，突破了原有的研究范式，实现了语音数据的多维度分析，尤其从方言差异、习得难易度、普遍性、标记性、语音感知和产出的相关性等多方面做了重点规划，致力于发掘隐藏在表层发音现象下的语音习得客观规律。故本书将推进语言习得研究理论的发展，对"中介语研究理论"进行深层解释，并在探究语音习得的本质的基础上，提出行之有效的教学方案。

本书介绍了"中国日语学习者中介语语音语料库"的构建过程与应用成果。第1章是绪论，介绍了本语料库的内容、意义及团队主要工作。第2章爬梳了日语母语者与日语学习者口语语料库的现状，指明构建学习者语音语料库的基本思路。第3章介绍了本语料库的理论框架、特征、结构、组成以及标注系统与标注步骤，并详细记录了三个横向库与两个纵向库收录的语音语料、参与者、收录步骤及标注方案。第4章列举了基于本语料库开展的两项日语语音习得实证研究、两项日语语音教学研究以及一项综述型研究。

中国日语学习者中介语语音语料库属于学习者语料库，旨在采集学习者的习得路径中能够反映中介语语音模式的语音语料，并加以整理、分类与标注，使之成为"有价值的数据"。因此，本语料库的主要应用价值在于日语习得与教学研究领域。本书既适合语言学研究人员、语言教育学研究人员与外语学习者阅读，也可供各类数字人文交叉学科的从业人员参考。

本书是2018年度国家社会科学基金资助项目的研究成果。该研究由本书作者复旦大学刘佳琦主持，团队成员包括日本神户大学朱春跃教授、厦门大学任星副教授、中国人民大学柳悦博士。由于作者学识所限，在具体论证中难免会挂一漏万或失之偏颇，一切责任都在作者本人。本书仅作抛砖引玉，恳请广大读者不吝赐教。

于复旦大学文科楼
2023 年暑假

目 录

图表一览

第1章

绪 论

近年来,语音教学在外语教学中越来越受到重视。二语语音习得的相关理论研究和教学应用也正受到广泛关注。然而日语语音习得表征的相关研究大多建立于中日语音对比研究的理论框架下,通过分析中文与日文的语音特征异同来解释习得表层现象。这些研究以鈴木義昭(1984)、坂本恵(2003)的元音,吉田則夫(1990)、朱春躍(1994)的有声/无声塞音,蔡茂豊(1976)、鈴木義昭(1984)的双唇擦音"ふ",李活雄、村島健一郎(2002)的齿龈音/n/和/l/,戸田貴子(2003)、栗原道世(2006)、杨诎人(2006)的节律,蔡全胜(1983,2009)、朱春跃(1993)的音高重音、杨诎人(2009,2010a,2010b)的语调习得研究最为典型。

此类研究厘清了引发语音习得表征现象的部分原因,即母语或母方言的语音体系对二语习得的迁移作用。但这仅为语音习得现象的单个维度,况且对比分析理论(Lado,1957)已难以诠释语音习得现象的全貌。正是对比分析理论的这一局限性使得国内外整体研究框架正转向中介语(Interlanguage)研究(Selinker,1972)。中介语不同于母语或目标语言,其发展路径同时受到母语及语言普遍性等各种因素的共同制约或交互影响,时而靠近目标语言,时而倒退、磨损甚至石化(Tarone,1987)。近年来,在中介语理论框架下开展的语音习得研究也取得了不少成果。但从研究素材和视角看,大多研究还停留于个案分析。语音样本数量有限且欠同质性,在一定程度上影响了结论的可信度和可比性。语料库是外国语言文学学科领域需要倚重的数字人文研究工具和方法,可为语言研究提供大量真实语料,极大地推动语言研究范式、方法路径的融合创新发展。因此,我们必须借助数字人文的研究范式与方法才能实现自然科学与人文科学的深度融合。

1.1 构建中介语语音语料库的研究突破

本书的研究基于先行研究基础,从语音习得的动态过程、音段和超音段体系的习得表征、方言语音体系的迁移等多维度构建日语中介语语音语料库,在二语日语语音语料库研究领域实现突破。具体如下:

第一,在开展横向习得研究的同时,兼顾语音习得的动态过程研究。目前,对日语语音习得的动态过程进行研究的有福冈昌子(1995)的中国学习者清浊塞音习得个案研究、戸田貴子(1998,2003)的澳洲学习者的日语特殊拍习得个案研究、小熊利江(2008)的英语本族语者的日语节律感知与生成习得个案研究。研究人员通过分析语音习得动态过程,可明确学习者在不同阶段的语音感知和产出特征,更好地把握语音认知过程,总结出来的规律对教学有积极意义。遗憾的是,现有的针对中国日语学习者的动态习得过程研究却是凤毛麟角。因此,本语料库计划采集横向及纵向数据,构建动态中介语语音语料库,追踪学习者的动态习得轨迹及各声学参数之间的协变关系。

第二,语音数据包括音段和超音段内容,以确保数据的全面性和代表性。中国国内的相关研究中,日语音段(元音、辅音)的习得研究较多,而超音段(特殊节拍、音高重音、句中句末语调、停顿、强调等)的习得研究较欠缺。目前的研究仅有杨诎人(2006)的节律,蔡全胜(1983,2009)、刘佳琦(2012)的音高重音,杨诎人(2009,2010a,2010b)的语调研究。此外,许多日语综合教材或发音专题教材都以音段内容为主,而超音段方面至多也就提到特殊拍和音高重音,涉及语调等的教材非常少。佐藤友则(1995)的调查结果明确显示,受人类语言由上至下(Top-Down)的感知机制制约,日语发音好坏或是流利程度的判定大多取决于超音段的掌握程度。因此本研究计划设置文本朗读和自然会话等多模块语音产出模式,均衡采集音段及超音段语音数据,全面地构建动态中介语语音语料库。

第三,明确中国方言对日语语音习得的影响。蔡全胜(2009)曾提出日语语音习得中汉语方言迁移问题的重要性,同时也指出了国内这方面研究的不足。先行研究中,刘佳琦(2008,2010)针对上海和北京方言者开展了日语清浊塞音及复合动词音高重音的习得研究,探讨了汉语方言语音体系对日语语音习得的影响及其特征。但总体而言,二语语音习得中的汉语方言语音体系迁移的研究比较薄弱。本书的研究选择了以北京、上海、台湾的城市方言为母方言的学习者作为数据采集对象。这些城市的汉语方言语音差异性大,且日语教学相对活跃,学习者也较为聚集。通过对语音数据的分析,可以实现各方言区日语学习者的语音习得现状的横向比较,从而弄清学习者的方言背景是否影响二语语音体系重构,进而探讨是如何影响的。

　　总结上述内容,我们得知在日语中介语语音习得研究领域,已经取得了一定成果,但还存在不少缺陷。比如,研究者往往各自采集语音数据,进行声学参数分析或本族语者语音评估,以说明日语语音习得过程的表层特征和影响因素。但由于研究数据之间缺少可比性,对数据的整体把握缺乏深度,因此对表层特征的诠释存在不足。本书通过对中国日语学习者的日语中介语语音语料库的设计、采样、标注、建库,可实现语音数据的多维度分析,比如从习得难易度、普遍性、标记性、语音感知和产出的相关性等多方面发掘隐藏在表层发音现象下的语音习得的客观规律。研究成果①将推进语言习得研究理论的发展,对"中介语研究理论"进行深层解释;②在探究语音习得本质的基础上,提出行之有效的教学方案。

1.2　构建中介语语音语料库的价值与意义

　　(1) 学术价值与意义

　　构建中国日语学习者的中介语语音语料库,多维度地审视和分析中国学习者的日语语音习得动态过程及其原因。本研究的意义是通过对中介语语音习得和认知的系统考察,促进中介语习得理论的发展。

　　(2) 应用价值与意义

　　构建中国日语学习者的中介语语音语料库,首先可以实现个案研究数据的通用性和可比性,从而提升相关实证研究的可信度。其次在此基础上,可推进中国日语学习者的语音习得和教学研究的发展,并提出适合中国学习者的语音教学方案。

1.3　构建中介语语音语料库的创新之处

　　本语料库的创新之处主要体现在以下三个方面。

第一，以中介语语音习得理论为框架，全面系统地探讨语音习得的动态特征。本语料库打破了以往的对比分析理论框架，不再局限于通过中文与日文的语音体系特征异同来解释习得表征。通过构建横向和纵向的中介语语音语料库，可多维度分析日语语音习得的动态轨迹，从而大力推进中介语习得理论的发展。

第二，全面采集音段与超音段的语音数据，考察两者的习得特征及其协变关系。本语料库采集了音段和超音段语料，全方位地考察中国日语学习者的语音习得过程以及现状。在此基础上，为音段与超音段的习得研究和教学提供实证依据。

第三，采集不同中国方言者的日语语音数据，讨论方言语音体系对二语语音习得的影响。中国方言的语音差异性大，母方言对二语语音习得的影响已成为新兴的研究热点。在国内关于汉语方言对语音习得影响的研究还刚刚起步。本语料库选择了北方方言、吴方言、闽方言为母方言的日语学习者作为数据采集对象，这些地区的方言语音差异较大且日语教学较为活跃，研究各方言语音体系对二语语音习得的影响，可在此基础上提出有效的教学意见。

1.4　中介语语音语料库的概要与主要工作

1.4.1　中介语语音语料库的概览

本语料库共收录了累计 152 名日语学习者的语音数据，共计录音时长约 10 小时。原始语音数据 16 246 个，对应原始标注数据 16 246 组（第一层级）。其中朗读数据 8 647 个，自然产出数据 130 个。

语料库的结构分为横向中介语语音语料库和纵向中介语语音语料库。其中横向语料库包含【综合横向库—中级学习者日语朗读与自然口语语料库】、【专项横向库—不同方言者的声调语料库】与【专项横向库—不同方言者的特殊拍（促音拍）语料库】，横向语料库适用于调查不同语域或属性条件下的语音习得表征及日语母语者的评价与接受度。纵向语料库包含【综合纵向库—初级学习者纵向朗读语料库】与【专项纵向库—多语者的日语塞音纵向语料库】，纵向语料库更适合于探究学习者的日语语音习得动态发展路径。

综合语料库 2 项，收录了学习者的音段与超音段中介语语音数据，适合于大规模系统性的语音习得研究。专项语料库 3 项,收录了中国学习者习得难度较大的清浊塞音、声调与特殊拍促音生成数据,更适合于语音专项模块习得研究。各子库概要如表 1－1 所示。

表 1－1　中国日语学习者中介语语音语料库的子库概要

	语料库名称
横向中介语语音语料库	综合横向库—中级学习者日语朗读与自然口语语料库【NNS_CC】
	专项横向库—不同方言者的声调语料库【NNS_SC_Accent】
	专项横向库—不同方言者的特殊拍(促音拍)语料库【NNS_SC_ Rhythm】
纵向中介语语音语料库	综合纵向库—初级学习者纵向朗读语料库【NNS_CL】
	专项纵向库—多语者的日语塞音纵向语料库【NNS_SL_Stop】

　　如表 1－1 所示,中介语语音语料横向库中【综合横向库—中级学习者日语朗读与自然口语语料库】(Comprehensive Cross-sectional Corpus of Non-native Speaker's Japanese,简称 NNS_CC),收录了 13 名中级学习者的日语朗读与自然产出语音。该语料库共收录了 13 名中级日语学习者的 442 个朗读与自然口语语音数据,其中单词朗读 312 个,短句朗读 104 个,语篇朗读 13 个,自然口语演讲 13 个。语料内容包含音段与超音段中介语语音数据,适合于大规模系统性的日语语音习得研究。【专项横向库—不同方言者的声调语料库】(Specific Cross-sectional Corpus of Non-native Speaker's Japanese Accent,简称 NNS_SC_Accent)与【专项横向库—不同方言者的特殊拍(促音拍)语料库】(Specific Cross-sectional Corpus of Non-native Speaker's Japanese Rhythm,简称 NNS_SC_ Rhythm),该语料库共收录了北京北方方言者(NNSM)18 名,上海吴方言者(NNSW)21 名,台湾闽方言者(NNST)15 名,共 54 名中级日语学习者的语音数据。除此之外,语料库还收录了发音人的属性信息(年龄、性别、语言学习经历)及语音学习动机与策略问卷结果,日语母语者的语音评价结果。该语料库更适合于语音专项模块习得研究。

另外,中介语语音语料纵向库中【综合纵向库—初级学习者纵向朗读语料库】(Comprehensive Longitudinal Corpus of Non-native Speaker's Japanese,简称 NNS_CL),收录了 11 名初级日语学习者,追踪历时 1 年的日语语篇朗读语音。语料内容包含音段与超音段中介语语音数据,适合于系统性的日语语音动态习得发展研究。【专项纵向库—多语者的日语塞音纵向语料库】(Specific Longitudinal Corpus of Non-native Speaker's Japanese Stop Contrasts,简称 NNS_SL_Stop)收录了 4 名日语母语者与 20 名初级日语学习者的语音数据,追踪时间为一年。该语料库收录了中国学习者习得难度较大的清浊塞音纵向数据,更适合于语音专项模块习得路径研究。

1.4.2　中介语语音语料库的数据采集与标注工作

冯志伟(2022)指出,语言学视域下数字人文研究的首要工作方向是人文数据库与数据集的建设,一方面是把非数字的人文资料加工转化为数字内容,另一方面是对非结构化的数字文本内容按照特定的使用目的进行规范化标注。由此可见,语料库数据的规范化转写与标注是数字人文研究范式的核心。

本语料库的综合库【中级学习者日语朗读与自然口语语料库】与专项库【不同方言者的声调语料库】、【不同方言者的特殊拍(促音拍)语料库】依据 J-ToBI 系统开发并采用 I-JToBI 进行标注。ToBI(Tones and Break Indices)是在世界范围内被广泛认可和使用的韵律标注系统,主要以音系学层面音高高低(Tone,用 H 和 L 表示)及韵律边界强度(Break Indices(BI),用数字表示)两个维度来描述语言的韵律特征(小磯 2014)。ToBI 将语音的基频(F0)定义为韵律的物理相关量,并认为 F0 的整体形状可以用上述两个维度的组合来拟合。早期的 ToBI 只用于标注英语韵律(Silverman et al., 1992),之后逐渐应用于其他语言,如今业已成为韵律标注系统的代表。I-JToBI 系统标注分为五个层级:语料信息、音段信息、音高、韵律边界强度、备注(中介语特征等)(见表 1-2)。曹文和张劲松(2009)、Wang and Zhang(2023)的研究指出中介语语音语料库的最大特点应该是对元辅音、声调及语料等方面进行偏误标注。本书研究的第五层级中标注的学习者中介语语音特征正突显了本语料库的创新之处。针对学习者中介语语音特征的标注显得尤为必要。

表 1-2 I-JToBI 标注系统的五个层级

层级名称	标注信息	标签示例（部分）
material 或 sentence	语料（单词或句子）	假名形式
word	元音或辅音	音段形式
Tone	音高	%L，H—，H*+L，L%，H%
BI	韵律边界强度	0，1，2，3
Miscellaneous	备注（中介语特征等）	元音脱落、声调平板化等

　　其次，本语料库的综合库【初级学习者纵向朗读语料库】与专项库【多语者的日语塞音纵向语料库】则依据相关领域的权威研究成果选取适宜的标注方式。其中【多语者的日语塞音纵向语料库】依据 Lisker and Abramson(1964)进行四个层级标注：词语信息（word）、音节（s）、嗓音起始时间（VOT）、持阻时长（c）。【初级学习者纵向朗读语料库】进行了两个层级标注：短句信息（sent）、词语信息（word）。数据库使用者可在此基础上开展二次标注，并提取有效声学物理参量，以解决实际研究问题。

　　综上，多维度多层次的标注系统不仅能满足元音、辅音、声调、语调等平面式的独立层面语音研究，还能推进立体式的界面间语音研究发展，比如元音与辅音习得的界面关联、声调与语调习得的互动效应等，尤其是音段层面与超音段层面的迭代式界面关联，即韵律构造（prosodic structure）研究，是特别值得探讨和深挖的新兴领域。

第2章

日语口语语料库

在本章中,作者将梳理已有的日语母语者以及日语学习者口语语料库(或数据库),并对其整体框架、涵盖的数据内容、参与者、数据收录方式、标注系统及应用范围进行整理比较。在此基础上,作者提出构建学习者中介语语音语料库的基本思路。

2.1 日语母语者口语语料库

2.1.1 引言

前川喜久雄(2009)指出迄今为止的语音学研究大多发生在实验室,而自发性较高的演讲或日常口语语音研究起步较晚,也是日语语音研究中相对落后的领域。自发语流中出现的语音变异现象连母语者发话人自身都难以意识到。那么,假设日语语音研究界连语音变异的表征与实质都无法清晰捕捉的话,又何谈让外国人习得日语语音,又何谈语音自动识别与机器学习呢?

笔者认为在设计和构建口语语料库时,最重要的应是思考语料库的适用性及效用性。在本节中,笔者将爬梳以往的日语母语者口语语料库(或数据库),对其涵盖的数据内容、参与者、数据收录方式、标注系统、整体框架及应用范围进行整理归纳。

2.1.2 日语母语者口语语料库的概览

目前具有代表性的日语母语者口语语料库(或数据库)根据其形式与说话人差异可分为成年人日语母语者对话语料库、成年人日语母语者演讲或朗读语料库、成年人多模态日语对话语料库、婴幼儿口语语料库。以下分别进行详细介绍。

2.1.2.1　成年人日语母语者对话语料库

（1）日语地图课题对话语料库（「日本語地図課題コーパス」）

该语料库是爱丁堡大学开发的 HCRC Map Task Corpus 的日文版，内容是基于课题的对话，即参与者协同合作完成课题过程中的对话，此处的课题为"在地图上指路"。语料库收录了 64 名说话人（男女各 32 名）的 128 个对话材料，大约 23 小时的对话内容（堀内等 1999）。录音环境为发音人在相互隔音的房间中，通过耳麦对话，双方声音被分别录制。该语料库可以从日本国立信息学研究所的语音资源联盟（以下简称 SRC: http://research. nii. ac. jp/src/index. html）获取。

（2）CallHome Japanese 语料库（「CallHome Japanese コーパス」）

该语料库包含近 20 小时的约 120 次电话通话语料（伝、フライ 2000）。这是 LDC(Linguistic Data Consortium)于 1995 年启动的电话通话录音计划的日文版。收录时，研究者为旅居美国的日本人参与者提供免费拨打国际电话给日本家人的条件。该语料库为收费项目（https://catalog. ldc. upenn. edu/LDC96S37）。

（3）CallFriend Japanese 语料库（「CallFriend Japanese コーパス」）

同上，该语料库收录了旅美日本人之间的电话通话语料，其中包含 31 次通话内容。收录期间，研究者给参与者提供免费拨打长途电话给旅美日本朋友的条件。该语料库可以通过 TalkBank(http://talkbank.org/CABank/)获取。

（4）BTS 日语口语语料库 2011 年版（「BTS による日本語話し言葉コーパス 2011 年版」）

该语料库收录了朋友之间的闲聊及初次见面者之间的对话、师生之间的面谈对话、电话通话、日语母语者与日语学习者之间的对话等，包含 294 段对话，共计约 66 小时。该语料库提供基本字符化原则（Basic Transcription System for Japanese: BTSD）的转写文本，其中 136 段（共计约 20 小时）对话提供音频（http://www. tufs. acjp/ts/personal/usamiken/btsj _ corpus _ explanation. htm）。

（5）樱花语料库（「さくらコーパス」）

该语料库收录了四名日本大学生之间的指定主题对话，共计 18 段。内容分别为男性间 6 段对话、女性间 6 段对话、男性与女性间 6 段对话。该语料库可以从 TalkBank 获取。

（6）宇都宫大学副语言信息研究语音对话数据库 UUDB（「宇都宮大学パラ言語情報研究向け音声対話データベース」）

该语料库收录内容为任务导向型对话，任务内容为讨论如何将 4 格漫画重新排列。参与者为 14 名大学生，其中 12 名女性，2 名男性，共 4 737 段对话（Mori et al.，2011）。收录方法类似于《日语地图任务对话语料库》，其特点为多模态标注系统，在传统标注方式上添加了说话人的情绪状态。该语料库可以通过 SRC 获取。

（7）千叶大学三人对话语料库（「千葉大学 3 人会話コーパス」）

该语料库收录了互为朋友（同性）的三位日语母语者在大学校园内发生的对话（共 12 段，2 小时）（Den & Enomoto，2007）。对话设置了大致主题，三位参与者从该话题出发进行自由对话。收集数据时，用单独的耳麦分别收集每位说话人的话语，除了标注一般数据信息外还附注了各类辅助信息，包括语言形态信息、韵律信息、视线和头部运动等具身语言信息。该语料库可以通过 SRC 获取。

（8）女性语言职场篇（「女性のことば・職場編」）和男性语言职场篇（「男性のことば・職場編」）

该语料库分别以在职的女性和男性（均为 20 至 50 岁，共 21 人）为对象，收录了职场中正式与非正式场合的自然话语（现代日本语研究会，1999、2002）。具体而言，录音时间有从上班开始的 1 小时、休息时间的 1 小时、会议时间的 1 小时等，其中连贯且持续 10 分钟左右的录音被收录到语料库中。该语料库收费，目前可以获得《女性语言和男性语言（职场篇）语料库》（现代日本语研究会，2011），附转写文本，不包含音频数据。

（9）名古屋大学对话语料库（「名大会話コーパス」）

该语料库收录了 37 名男性及 161 名女性，共计约 100 小时对话内容，其中还包含 3 名及以上参与者的多人对话（https://dbms. ninjal. ac. jp/nknet/ndata/nuc/）。尽管大多对话在名古屋收录，但对话所用语言多为标准日语普通话。对话没有限制话题，多为关系亲密朋友之间的对话。该语料库可以使用日语用例及语块搭配"茶漉（http://tell. cla. purdue. edu/chakoshi/public. html)查询系统"进行检索。

（10）日语指定话题对话语料库（「日本語話題別会話コーパス」）

该语料库为指定话题口语语料库（Japanese Topic-Oriented Conversation Corpus，J－TOCC），参与者围绕指定话题展开对话，每个话题对话具有等时性。语料库收录了关系较亲密者之间一对一的对话录音并进行文字转写。120组参与者就 15 个话题展开 5 分钟对话，共计 150 小时对话录音。指定话题包括日常生活相关话题：①饮食；②时尚；③旅行；④运动；⑤漫画与游戏；⑥家务；⑦学校；⑧智能手机；⑨打零工；⑩动物；⑪天气；社会活动相关话题：⑫梦想与未来；⑬礼仪；⑭住宅环境；⑮日本的未来。话题的设置、选取与分类参照了山内（2018）对"亲密、必要度"以及"具体度"（具体名词的占比多寡）的定义与测量方法。每个话题分别在东日本和西日本录音，根据说话人性别分为①男男，②男女，③女女，三类性别组合。每个条件下收录对谈 20 个，每个话题收录对谈数 120 个，共 10 小时数据。全语料库共计 1 800 个对谈数据，150 小时数据。该语料库通过申请可以使用于研究或教学活动（http：//nakamata.info/database/）。

2.1.2.2　成年人日语母语者演讲或朗读语料库

大多成年人日语母语者的演讲或朗读语料库的建设是为了提高语音识别、语音合成等语音信息处理精度而开发的。其重要目的是涵盖日语中出现的音段和连续音段。因此，语料库中包含专项设计文本（音段平衡语料等）的朗读内容。比如，日本语音学会的报纸文章朗读语音语料库（JNAS）（「新聞記事読み上げ音声コーパス」）主要是报纸文章的朗读语音，但也包含了一些音段平衡语料的朗读（Itou et al.，1999）。ATR 语音数据库（「ATR 音声データベース」）B 套收录了多名播音员的平衡语料朗读（匂坂、浦谷，1992）。该数据库中还包含了音段、韵律信息等。日本语音学会开发的研究用连续语音数据库（ASJ－JIPDEC）（「研究用連続音声データベース」）也以音段平衡语料为主（小林等，1992）。这些语料库都可以从 SRC 获取主体内容或附加信息，均需付费。

（1）日语口语语料库（「日本語話し言葉コーパス」，CSJ）

该语料库是目前规模最大，普及面最广的成年人日语母语者演讲语料库（小磯，2015）。该语料库由日本国立国语研究所、日本信息通信研究机构（原通信综合研究所）和东京工业大学共同构建，是以演讲内容为主的自发性口语语料库，语料库收录的日语母语者演讲内容时长达 662 小时（http：//www.

ninjal. ac. jp/corpus_center/csj/）。CSJ 收录的内容主要包括学会演讲和模拟演讲两部分。其中学会演讲为各类学会研究发表的现场录音,模拟演讲为说话人围绕个人内容进行的演讲。其次 CSJ 还包含少量对话数据,其中一部分是学会演讲和模拟演讲中的采访对话。此外,CSJ 还包含一些朗读音频,其中一部分是学会演讲和模拟演讲的说话人根据转写文本进行的朗读音频。该语料库包含多种注释,购买语料库需要收费。使用者也可以通过日本国立国语研究所官方网站入口进行在线检索。CSJ 在语音处理与标注方面有诸多创新之处,本书参考和借鉴了 CSJ 的标注方案,并在此基础上进行了改良,力求提高研究方法的适切性。

（2）国会会议记录（「国会会議録」）

该语料库转写了日本众议院和参议院会议上议员和委员会成员的发言,可以在线搜索,但不提供音频数据（http://kokkai. ndl. go. jp/）。虽然该语料库的建设初衷并非为了语言研究,但其数据也有助于口语形态论和语法特征的研究。

2.1.2.3 成年人日语母语者多模态对话语料库

近年来,日本国立国语研究所开发建设的日语日常对话语料库（Corpus of Everyday Japanese Conversation, CEJC）是规模最大、最完善的多模态对话语料库（小磯,2022）。该语料库的收录语料对象为日常场景中由当事人自身动机或目的而自然产生的对话,均衡地涵盖了不同场景下的对话,录制并发布音频及视频多模态数据。该语料库采用了以下两种取样方式:①个人跟踪法（「個人密着法」）。做法是从性别、年龄等方面均衡考量,筛选出 40 名参与者（20—29 岁、30—39 岁、40—49 岁、50—59 岁及 60 岁以上的男女各 4 名）,将器材设备借给参与者 2—3 个月,让参与者自己记录日常生活中产生的对话,并要求他们尽可能记录不同场景下以及与不同对象间产生的对话。收录过程中,项目组成员并不在场。该语料库语料共计 200 小时,此方法下收录的语料共计 185 小时。②特定场景法（「特定場面法」）。做法是从场景均衡性角度出发,检查并补足个人跟踪法收录对话中较为缺乏的对话场景。共补录了约 15 个小时的对话,分别为约 10 小时工作场景下的会议对话及约 5 小时初高中生闲聊与讨论的场景对话。

CEJC 提供了近 200 小时语料库内容,包括视频和音频数据、转写文本、短

单位信息(人工修改)、长单位信息(自动解析)。此外从个人跟踪法记录的 185
小时对话语料中,筛选出 20 小时作为"核心"语料,进行人工标注修正并添加了
多种辅助标签。"核心"语料共涉及 157 名主要说话者(除店员等临时参与对话
的人),排除方言的使用情况及语音质量等问题,从中又筛选出 152 名说话者,
采用日语口语语料库(CSJ)的 X - JToBI 标注系统,对这些语料进行韵律信息
的标注。该"核心"语料库提供 TextGrid 标注文件(语音分析软件 Praat 的标
注文件)。

2.1.2.4　婴幼儿口语语料库

（1）CHILDES

该语料库主要以婴幼儿为对象(宫田 2004),其优点在于包含大量可用于
第一语言习得研究的数据,且可在多语言间开展比较。该语料库提供音频和视
频数据(http://www2. aasa. ac. jp/people/smiyata/CHILDESmanual/chapter04.
html)。

（2）NTT 婴幼儿语音数据库(「NTT 乳幼児音声データベース」)

该语料库记录了 5 名婴儿及其父母(婴儿分别为 2 名男孩,3 名女孩,来自
3 个家庭)从新生儿阶段到 25 至 61 月龄的纵向语音数据库,规模为 540 小时
(Amano et al., 2009)。该语料库可从 SRC 获得,需付费。

2.1.2.5　日语母语者口语语料库的小结

以上,笔者爬梳了具有代表性的日语母语者口语语料库,其中大多可以通
过网络等电子方式获取语音及转写文字数据。虽然已有一定数量的语料库,但
也存在不少难点并未解决。首先,语料库标注系统不够完善,提供转写文本以
外标注信息的语料库,目前只有含形态论信息的"名古屋大学对话语料库"
"CSJ""千叶大学三人对话语料库""UUDB""ATR 语音数据库"等小部分语料
库。为了提高口语语料库的应用效率,首先,笔者认为有必要加强对语言信息、
语音及韵律信息、非语言信息等的标注工作。其次,日语母语者日常会话语料
库中只有一部分提供音频数据。为了尽可能契合各领域研究者的科研兴趣,口
语语料库有必要提供完整或部分音频数据,以避免仅依靠转写文本而遗漏其他
口语信息导致片面化研究。

2.1.3　口语语料库与语音学研究的结合

以往,语音学相关研究多以实验室收集数据为主要研究方法,然而事实证

明诸多语音现象难以通过实验室数据开展研究。简单而言,实验室研究可有意识控制语音现象,而对于说话人自发性较高的言语行为则难以通过语音实验开展研究。换言之,实验室语音研究基本等同于朗读语音的研究。为了定量且系统地开展自发性语音研究,语音语料库几乎是唯一的研究手段。

然而,学界究竟为何必须研究自发性语流中的语音现象呢? 前川(2011b)指出,我们之所以需要研究日语中自发性语音现象,是因为部分语音现象仅出现于自发性语音;还有部分语音现象虽在朗读语音和自发语音均可能产生,但两者表现却不同。后者包括日语填充词等非流畅性因素、部分句末语调特征、不同语域间的语音特征差异;前者包括元音清化、带核助词的韵律独立性现象等。由此可见,学界必须同时厘清实验语音与自发语音现象和特征,才能弄清语音问题根源。

前川(2011a)利用 CSJ 口语语料库的数据开展了东京方言句末语调研究。该研究分析了被称作东京方言 PNLP(Penult NonLexical Prominence)或后高型重音(後高型プロミネンス)的句末语调在 CSJ 自发性语流中的产生模式。研究结果发现该现象的发生概率最高的情况为仅由一个音高重音短语开头且句法关联最大的句边界,而该模式并不产生于其他句末语调模式。该语音现象极难通过朗读实验研究获得实证证据,唯有利用自发语音语料库的句法、韵律标注体系方可系统性地阐明。

除此以外,Nakamura 等(2008)使用 CSJ 的自发语音和 JNAS 的朗读语音,比较了不同语域对元音和辅音频谱特征的影响。研究发现自发语音通常会导致调音空间的缩小,依据元辅音种类差异,调音空间缩小程度也不尽相同。

自发语流语音在调音上的变异还会影响语音信息处理。为了提高语音识别的精度,秋田、河原(2006)分析了 CSJ 的转写文本,并尝试将自发性语音变异模式化,共提取了 265 种模式。此类研究的对象主要为音位层面的变异,而 Maekawa(2010)和前川(2010)等研究利用 CSJ 对音位下层水平的语音变异进行了分析。Maekawa(2010)分析/z/的变异模式、前川(2010)分析/d, g/的变异模式,从调音时长函数而非环境音位变体的角度,对此类辅音变异概率进行了系统性说明。

当今,自然语言信息处理(尤其是语音识别)研究中,语音数据库(或语料库)的构建已经得到了相当高的重视。主要原因在于语音语料库收录了大量自然语流中的语音变异,通过机器学习(计算机自动学习),有助于构建高精度的声学模型(前川,2009;古井,2009)。

人类自然语言中的语音变异数不胜数,比如不同性别、不同年龄等造成的个体差异,有些变异甚至难以通过符号予以记录。因此,我们必须通过构建语料库的方法才可能了解并解构变异现象。不仅如此,以往音系学领域所记述的语音变异法则大多通过自上而下方式(比如一系列转写规则的集合)推导而来。然而近年来的研究成果显示,基于大数据统计分析得到的自下而上的模型化方式更有利于提高语音识别的精度。

2.2 日语学习者口语语料库

2.2.1 引言

在语音研究中,自发性语音变异现象的探究是至关重要的研究课题,但与日语语音习得与教育研究的目标指向性并不完全吻合。日语学习者的中介语语音习得问题具有其独立性与动态性,主要研究目标是弄清学习者的语音偏误现象及其本质。学界要全面了解日语学习者的语音习得情况,有组织且系统地收集学习者语音数据是极为重要且有效的方法。

2.2.2 构建学习者语音语料库的基本思路

基于非母语者的中介语体系构建的语料库被称为"学习者语料库(learner corpus)",对解构学习者中介语模式的特征与发展过程具有至关重要的意义(大曾、泷泽,2003)。具体而言,学习者语音语料库构建应遵循以下三条基本思路。

(1) 科学记录学习者中介语语音特征与发展模式

构建学习者语料库的目的绝不单是找出学习者的习得偏误,学界更应记录的是学习者中介语到底具有怎样的特征,以何种模式发展?这种记录不能仅仅停留在个人印象或主观描述的层面,而是应该基于大量数据进行取证后再梳理归纳。基于学习者语音语料库提出的科学研究问题,运用可靠适切的研究方法解决问题,以期在理论和实践上有更深的突破。

(2) 全面描绘学习者的中介语语音习得图景

学习者的语音习得依据其学习水平不同、母方言背景不同存在较大个体差异。假如能构建学习者语音语料库,就能从纷繁复杂的学习者语音变异中抽离分类出主要口音问题并探讨其成因,这无疑将推进学习者语音习得研究的飞跃发展。

(3) 有效促进语音教学大纲改革与教材建设

基于语料库数据获得的语音习得研究数据能够促进日语语音教学的发展,尤其对语音教学大纲的制定以及教材建设颇有裨益。比如在语料库研究数据的基础上对学习者"中介语模式"进行聚类分析,梳理不同类型学习者的语音习得特征,预测与解释不同属性的日语学习者的偏误特点、频率以及发展模式。这些研究成果将大幅度提升日语语音教学的效率。

2.2.3 日语学习者口语语料库的概览

本节对现存的学习者日语口语语料库进行梳理和回顾。

(1) 非母语者日语口语语料库(「非母語話者による日本語話し言葉コーパス」)

著名语言学家大阪大学土岐哲教授牵头的非母语者日语口语语料库(CSJ - NNS, Corpus of spontaneous Japanese by non-native speakers)(江崎哲也等,2004)。其中收录了200多名非母语者(以中国、韩国、英美国籍人士为主)的演讲录音以及其他属性标注。标注方案与CSJ一致,包含文字、语法、语音(音段层与韵律层)标注。该语料库的设计理念在于按照CSJ基准建设非母语者日语口语语料库,以便与母语者进行全方位的比较研究。据此研究人员不仅可单独研究CSJ - NNS中非母语者的日语产出特征,更可结合CSJ中的母语者数据分析结果进行对比研究。然而该语音语料库所收录的语音数据更适合研究非母语者的日语口头表达习惯及其规律,但却未必适合二语语音习得研究。

(2) 外语学习用朗读语音数据库(「外国語学習用読み上げ音声データベース」)

东京大学峯松信明教授团队建设的外语学习用朗读语音数据库是语音专项语料库(峯松信明等,2003)。该语料库包含两部分:①日语母语者的英语朗读数据库;②非日语母语者(留学生)的日语朗读数据库。在此,我们主要关注的是非日语母语者的日语朗读数据库。该部分数据库包含以下四个子库。第一个是基于日语母语者的ATR503个朗读句列表制作了相同朗读材料的非日语母语者朗读库,该子库的特征是保持音段均衡性。构建该数据库的理由是便于与 ATR 母语者数据进行比较。第二、三个是非日语母语者的专项难点语音数据库,其中收录了难点语音最小对立元 115 个单词和 108 个句子。第四个是非日语母语者的专项韵律句数据库,其中收录了 Yes - No 疑问句、重复询问、加入「なにか」或「なにも」、左右分枝歧义句、对比强调、终助词、语气词等韵律相关内容。另外,该数据库的部分语音数据附有日语母语者教师的评价结果。部分数据的评价是指针对音段均衡库的单词和句子、专项难点句、专项韵律句的一部分语料进行评价。评价者为 6 名经验丰富的日语语音教学者。为了便于与母语者进行比较,该数据库还收录了 20 名男性、21 名女性日本大学生的语音数据。

　　该数据库的优点在于:①设置专项子库,有针对性地收集习得难点数据,有助于攻克语音习得研究与教学研究的关键问题。②附有母语者评价结果数据,有助于结合学习者习得特征与母语者评价容许度以讨论日语语音习得与教学的目标。本语料库对此进行了参考与借鉴。

　　该数据库的不足之处在于:①仅收录了横向数据,没有追踪学习者的语音习得动态发展过程,很难描绘或把握习得全貌,②数据库始终将与母语者的可比性作为构建语料库的基准。然而,笔者认为日语教育的目的并非把学习者培养为母语者,而是将学习者语言看作习得过程中的"中介模式",着重讨论的应该是"中介模式"的普遍性与差异性以及发展过程,从而有针对性地引导学习者提高外语语音的明了度与可懂度。

　　(3) KY 语料库(「KY コーパス」)

　　该语料库是日语学习者的口语语料库,记录并转写了日语学习者在 OPI 语言运用能力测试中的采访对话(http://www. opi. jp/shiryo/ky_corp. html),收录了母语为中文、英语、韩语的学习者共 90 名(各 30 名)的数据。依据 OPI 口语能力等级判定,将外国人日语学习者再细分为初级 5 名,中级/高级各 10 名,超级 5 名。目前 KY 语料库还发布了包含语言形态信息的"带标记 KY 语料库(タグ付き KY コーパス)"(http://jhlee. sakura. ne. jp/kyc/ corpus/)。该语料库未提供语音数据。

　　(4) 日本国立国语研究所主建的日语学习者语料库

　　下面介绍的四个口语语料库皆由日本国立国语研究所主持建设,均可通过研究所主页进行在线搜索和浏览,该系列语料库聚焦于口语表达与技巧能力发展。首先,"日语学习者会话数据库(日本語学習者会話データベース)"包含了基于 OPI 的访谈对话(https://dbms.ninjal.ac.jp/nknet/ndata/opi/)。其次,"日语学习者会话数据库纵向调查篇(日本語学習者会話データベース縦断調査編)"同样也是基于 OPI 访谈对话的数据库,针对定居于日本的日语学习者开展了为期两年的追踪调查(https://dbms.ninjal.ac.jp/judan_db/)。再次,"日语学习者会话策略数据(日本語学習者会話ストラテジーデータ)"(https://dbms.ninjal.ac.jp/nknet/ndata/strategy/),它以英语母语或英语能力较高的日语学习者为对象,收录了他们与日语母语者间的实际会话场景。最后,C-JAS(Corpus of Japanese As a Second language)语料库以 3 名汉语母语的日语学习者和 3 名韩语母语的日语学习者为对象,连续记录了他们在 3 年间的自然会话数据(https://ninjal-sakoda.sakura.ne.jp/c-jas/web/)。

(5) 日中 Skype 远程对话语料库(「日中 Skype 会話コーパス」)

日中 Skype 远程对话语料库由日本东京实践女子大学和中国湖南大学之间开展的日语 Skype 对话交流活动内容组成。中国学习者为日语专业 2 年级学生,日语母语者为日语专业本科生和研究生,固定对话组每周通过 Skype 用日语交流对话,一次 90 分钟。中俣尚己等(2013)在征得参与者同意的基础上,将交流活动内容的录音进行了转写。该对话活动以聊天交流为主要目的,是语言行为语料库。语料库收录了 9 组参与者的 38 个对话,共计录音时间 46 小时48 分钟 35 秒。由于该语料库收录的是远程对话语料,因此对话双方的语速都比平常慢些。

该语料库的特色较为明显。首先,通过网络的远程对话语料比较罕见,有助于开展特殊接触场景下的对话研究。其次,固定对话组合的纵向语料比较罕见,有助于开展对话能力发展研究。然而该语料库也存在一些不足,比如参与者仅 9 组,囊括的语料数量有限,并且网络收录语料的录音质量不适合进行语音方面的研究。该语料库于 2015 年开放,通过申请可以用于科研或教学活动(http://nakamata.info/database/♯skype)。

(6) 日语非母语者听力理解语料库(「日本語非母語話者の聴解コーパス」)

日语非母语者听力理解语料库(www.nodahisashi.org/jsl-rikai/choukai/index.html)由日本大学文理学院的野田尚史教授团队建设,于 2019 年建设并开放使用(野田尚史,2020)。该语料库属于听力理解专项库,其中记录了日语学习者听取日语语段后阐述的听力理解过程。学习者用日语或母语阐述,由研究人员将学习者话语转写为文字并进行标注。语料库参与者为汉语母语者 24 名,英语母语者 4 名,韩语母语者 3 名,越南语母语者 23 名,共计 54 名。这个语料库的独特之处在于:①这是听力理解语料库,记录了学习者边听边理解的过程。这与以往的书面写作或口语表达语料库的性质完全不同。②听力材料为学习者想听或必须听的听力内容,而非面向学习者开发的日语听力教材。比如在饮食店或小卖部常听到的日语、交通设施内的广播、演讲或课程、初次见面或友人间的闲聊、与指导教师讨论论文、社团会议等等实际可能出现的场景。③语料库不仅收录了学习者的单独话语,而且还有学习者回答提问时的对谈话语。④语料中记录的不仅有学习者所理解的内容,更重要的是记录了理解该内容的过程。⑤语料库中不仅记录了学习者的日语表达,还有学习者用各自母语阐述的理解过程。

2.2.4　日语学习者口语语料库的小结

以上语料库作为中介语语音语料库存在的不足在于:①除 C - JAS 外,大多仅收录了横向数据,缺少学习者的语音习得动态发展追踪数据,很难描绘或把握习得全貌;②语料库始终将母语者组作为构建语料库的基准,忽视了学习者语音"中介语模式"的发展路径。据此可知,在国内外该研究领域,中国日语学习者的中介语语音语料库的开发及应用明显滞后,这也阻碍了二语语音习得实证性研究和教学应用的发展。因此,中国日语学习者的中介语语音语料库的构建及应用已经成为当务之急。

中国日语学习者中介语语音语料库的构建

在本章中,作者将首先总体介绍本语料库的框架、特征、结构、组成及标注方案。其次,作者将介绍三个横向库与两个纵向库收录的语音语料、参与者、收录步骤及标注细节。最后,作者将总结本语料库的应用价值及未来工作展望。

3.1 语料库总体介绍

近年来,语音教学在外语教学中越来越受到重视(刘佳琦,2018)。二语语音习得的相关理论研究和教学应用也受到了广泛关注与拓展。然而从研究视域与素材来看,大多研究还停滞于个案分析。故而,语音样本不仅数量有限,且同质性欠缺,在一定程度上影响了研究结论的可信度和可比性。本研究将基于中介语习得理论框架,建设中国学习者的日语中介语语音语料库,多维度地审视与分析中国学习者在日语语音习得过程中的动态表层特征及其规律。通过构建并应用语料库数据,可实现个案研究数据的通用性和可比性,从而提升研究的可信度。在此基础上,推进中国学习者的语音习得和教学研究发展。

3.1.1 中介语习得理论框架

中介语的概念由 Selinker(1972)首先提出,指存在于学习者的母语与习得目标语言之间的语言形式。该语言形式同时受到学习者母语与目标语言的影响。中介语的核心理念在于学习者的二语习得"偏误"并不是学习或教学的失败所致,而是特定习得阶段的学习者语言能力的具象体现。换言之,学习者的中介语特征绝非杂乱无序地随机产生,而是习得发展特征的一贯指涉,因此具有可解释性与可预测性。中介语的发展过程主要体现在以下 5 方面:①语言迁移(language transfer)、②过度泛化(overgeneralization)、③训练迁移(transfer of training)、④学习策略(learning strategy)、⑤交际策略(communication strategy)。各方面特征融合作用于语言习得过程,促使目标语言体系的内在化发展。

然而学习者的中介语体系也呈现不稳定性,在逐渐接近目标语言发展的同时,或停滞,或后退。Tarone(1987)归纳了影响学习者中介语特征的主导因素:①母语迁移(transfer from the first language)、②第一语言发展过程(first language acquisition process)、③过度泛化(overgeneralization)、④接近化(approximation)、⑤回避(avoidance)。除此之外,中介语习得过程还可能受到教学法、学习者的二语习得策略、二语交际策略等因素的影响。另外,中介语的典型特征还包括石化现象,即学习者语言习得过程中残留的最终难点。

基于以上理论阐述,近年来越来越多的研究尝试描摹学习者语音的独特体系。学界的整体研究也趋向于将学习者的中介语特征作为切入点,全面剖析影响目标语言发展路径的各类因素。本语料库在中介语习得理论的框架下,旨在全面收集学习者的日语语音数据,通过有针对性地多维度语音标注,从不同层面不同视角探讨日语学习者的语音习得路径。

3.1.2　中介语语音语料库的特征

本研究从语音习得的动态过程、音段和超音段体系的习得表征、方言语音体系的迁移等多维度构建语音语料库,在以下三个方面以期突破现有研究格局。

(1) 在开展横向习得研究的同时,兼顾语音习得的动态过程研究

至今为止,二语日语语音习得的动态过程研究为数不多,如福冈昌子(1995)的中国学习者清浊塞音习得、戶田贵子(2003)的英语母语者的日语特殊拍习得、小熊利江(2008)的英语母语者的日语节律感知与生成习得个案研究。研究语音习得动态过程可明确学习者在不同阶段的语音感知和产出特征,全面地把握语音认知加工过程及习得规律,从而反馈于语音教学与训练实践。遗憾的是,目前针对中国日语学习者的动态习得过程研究凤毛麟角。笔者认为这或许是由于历时性研究数据采集难度较大的缘故。本研究采集横向及纵向数据,构建动态中介语语音语料库,分析学习者的动态习得特征及各语音参数之间的协变关系。本研究对于完善语言习得理论与教学应用皆具积极意义。

（2）语音数据包括音段和超音段内容，确保数据的均衡性、全面性与代表性

以中国学习者为研究对象的日语语音习得研究中，日语音段（元音、辅音）研究居多，而超音段（特殊拍、声调、句中句末语调、停顿、强调等）的习得研究占少数，如杨诎人（2006）、任宏昊，近藤真理子（2020）的节律，蔡全胜（2009）、刘佳琦（2015）的声调，杨诎人（2009，2010a）的语调研究。不仅如此，诸多日语综合教材或发音专项教材也皆以音段内容为主，而超音段现象至多涉及特殊拍和声调，可见教学内容领域偏颇，缺乏均衡性与全面性。二语习得研究成果显示，面向音段与超音段层面的习得研究同等重要，学习者的超音段习得情况会直接影响其二语语音水平测评结果（Suzukida & Saito，2022）。鉴于此，本书结合文本朗读和自发话语等多模块语音产出模式，均衡采集音段及超音段语音数据，全面地构建动态中介语语音语料库。

（3）采集中国方言区学习者的日语习得数据，明确方言对语音习得的影响

蔡全胜（2009）提出日语语音习得中汉语方言迁移问题的重要性，同时也明确指出了该领域的研究还较薄弱，刘佳琦（2008，2010）汇报了上海和北京方言者的日语清浊塞音及复合动词声调习得问题，任宏昊，近藤真理子（2020）调查了闽南方言者的日语促音习得特征，这些研究探讨了汉语方言语音体系对日语语音习得的影响及其特征。然而就总体而言，二语语音习得中涉及汉语方言语音体系迁移的研究仍然比较薄弱。本语料库选择以北方方言、吴方言、闽方言为母方言的日语学习者作为数据采集对象。因为这些城市片区的汉语方言语音差异性大，且日语教学相对活跃，学习者也较为聚集。我们认为通过对语音习得数据的分析，可实现各方言区日语学习者的语音习得表征的横向比较，从而明确学习者的方言背景与经历对二语语音空间构建的影响。

本书研究通过构建学习者语音语料库，可实现多维度比较语音数据的声学参数，基于中介语理论从习得难易度、普遍性、标记性，语音感知和产出加工的相关性等多方面发掘隐藏在表层发音现象下的语音习得客观规律。本研究成果不仅可推进语言习得研究理论的发展，对"中介语研究理论"进行深层诠释，更可在此基础上，提出行之有效的教学方案。

3.1.3 中介语语音语料库的结构

本语料库共收录了 152 名日语学习者的语音数据，共计录音时长约 10 小

时。语料库的结构分为横向中介语语音语料库和纵向中介语语音语料库。其中横向语料库包含【综合横向库—中级学习者日语朗读与自然口语语料库】、【专项横向库—不同方言者的声调语料库】与【专项横向库—不同方言者的特殊拍（促音拍）语料库】，横向语料库适用于调查不同语域或属性条件下的语音习得表征与日语母语者的评价与接受度。纵向语料库包含【综合纵向库—初级学习者纵向朗读语料库】与【专项纵向库—多语者的日语塞音纵向语料库】，纵向语料库更适合于探究学习者的日语语音习得动态发展路径。

　　综合语料库2项，收录了学习者的音段与超音段中介语语音数据，适合用于大规模系统性的语音习得研究。专项语料库3项，收录了中国学习者习得难度较大的清浊塞音、声调与特殊拍促音生成数据，更适合用于语音专项模块习得研究。各语料库的参与对象、收录语料、属性信息与标注方案如表3-1所示。

表3-1　中国日语学习者中介语语音语料库的结构与概要

	语料库名称	参与对象	收录语料	属性信息	标注方案
横向中介语语音语料库	综合横向库—中级学习者日语朗读与自然口语语料库（NNS_CC）	中级学习者13名	朗读语料：单词24个、短句8个、语篇1个；自然口语语篇1个，共计时长65分钟。	年龄、性别、母方言或其他语言经历、音乐或乐器经历、日语语音学习动机与策略。	依据J-ToBI系统，开发并采用I-JToBI。
	专项横向库—不同方言者的声调语料库（NNS_SC_Accent）	中级学习者：北京方言者18名；上海方言者21名；台湾闽方言者15名。	朗读语料：平板型与起伏型词调单词45个，共计时长162分钟。	年龄、性别、母方言或其他语言经历、日语语音学习动机与策略、日语母语者自然度5段评价。	依据J-ToBI系统，开发并采用I-JToBI。
	专项横向库—不同方言者的特殊拍（促音拍）语料库（NNS_SC_Rhythm）	中级学习者：北京方言者18名；上海方言者21名；台湾闽方言者15名。	朗读语料：含有促音单词10个，不含促音单词10个，共计时长108分钟。	年龄、性别、母方言或其他语言经历、日语语音学习动机与策略、日语母语者自然度5段评价。	依据J-ToBI系统，开发并采用I-JToBI。

（续表）

语料库名称	参与对象	收录语料	属性信息	标注方案
纵向中介语语音语料库 综合纵向库——初级学习者纵向朗读语料库（NNS_CL）	初级学习者11名,追踪历时1年。	初级日语教材朗读录音,每人20次,共139篇,共计时长180分钟。	年龄、性别、母方言经历、综合日语成绩。	短句（sentence）、单词（word）
专项纵向库——多语者的日语塞音纵向语料库（NNS_SL_Stop）	日语母语者4名,初级学习者20名,追踪历时1年。	L1汉语普通话6个、L2英语9个、L3日语42个语料朗读录音,每人2次,共计时长120分钟。	年龄、性别、母方言经历、第一语言与第二语言接触经历。	依据 Lisker and Abramson (1964)标注单词、音节（s）、嗓音起始时间（VOT）、持阻时长（c）。

3.1.4 中介语语音语料库的组成

3.1.4.1 朗读语料与自然语料

前川喜久雄（2009）指出学习者语料库应该兼顾学习者朗读产出语料与自然产出语料的两类语音数据。本书的【综合横向库——中级学习者日语朗读与自然口语语料库】包含了此两类语音数据,以满足各类语音习得研究。朗读产出语料是让学习者朗读事先准备的单词或短句、段落材料。朗读材料囊括位于各类语境的音段（元音、辅音）与超音段（节奏、声调与语调）内容。自然产出语料并不具备事先准备的材料,而是学习者根据某一主题展开即兴演讲或陈述,也包含部分访谈内容。学习者在较放松的环境中,围绕感兴趣的主题展开陈述。研究人员将学习者讲话录音作为后期分析语料,收录于语料库中。本语料库收录了朗读语料8 647个,自然产出语料130个。

3.1.4.2 横向习得数据与纵向习得数据

本书全面且均衡地采集了中介语语音习得的横向及纵向数据,构建了动态中介语语音语料库,有利于分析学习者的动态习得特征及各语音参数之间的协变关系。本语料库收录了横向习得数据4 238个,纵向习得数据4 539个。尤其是【综合纵向库——初级学习者纵向朗读语料库】,其中收录了初级日语学习者在一年期间的20次朗读录音,并进行了多层次标注。研究者不仅可利用本语料库系统地开展学习者朗读语音习得动态发展研究,更可全面分析音段与音段之间、音段与超音段之间的协变发展问题。

3.1.4.3 学习者的属性信息

人类自然语音语料中充满了语音变异,有些变异来自说话人的个体差异(比如性别、年龄、说话方式等),有些变异来自说话人的语言背景(比如母语、母方言、社团语言接触等),还有些变异可能来自说话人的社会语境影响(教室环境、教科书、友人等)。作者认为中介语语料库的构建目的不仅在于弄清学习者的习得表征,更重要的是分析学习者"中介语模式"的发展受到哪些内部及外部因素的影响且如何影响。故而,学习者的属性信息是中介语语音语料库的重要组成部分。本语料库所指涉的学习者属性信息除学习者的年龄、性别、母方言背景、语言学习经历、语言水平外,还包含学习动机、策略等信息。本语料库收录了学习者属性信息 152 个,学习动机信息 121 个,学习策略信息 121 个。笔者认为,首先,记录学习者的属性数据(如年龄、性别、方言接触经历等)有助于厘清不同属性学习者的语音习得特征与规律;其次,测量学习者的学习动机、策略等与习得表征的相关性可助教学者更好地把控教与学的互动环节,使得教学活动更高效。

3.1.4.4 母语者评价数据

语音评价是指语音评价人对说话人整体或部分层级语音现象的印象评分(籠宫隆之,2015)。人类自然语音语料中充斥着语音变异,有些变异是重要的,是人类感知语音的关键线索,直接影响语言沟通效率。然而有些变异却是冗余的,不直接影响语音感知或语义认知。母语者评价数据可助我们区分这两类语音变异,在感知理论上充分认识并分辨语音变异的关键性或冗余性,在外语教学实践中区分剥离出教学重点及难点,以提高语音教学效率。故而在构建学习者中介语语料库时,添加母语者评价数据是重要且有益的,有助于结合学习者习得特征与母语者的接受度以讨论并及时调整日语语音习得与教学的目标。本语料库共收录了日语母语者评价数据 17 550 个。

另外,学习者中介语语料库的评价者选择也应有考量。先行研究认为母语者的个体属性差异也会影响语音评价。比如渡辺裕美、松崎寛(2014)的结果表明一般母语者与日语母语教师对学习者语音的评价存在差异。一般母语者对学习者的日语语音变异的容忍度较高,而日语母语教师对中介语口音比较敏感,评价也相对严格。由此可见,同为日语母语者,日语教师比一般母语者对学习者语音的敏感度更高,更容易察觉到细微的语音差别。故而本语料库构建时邀请了日语母语教师对部分学习者语音进行了评价,以期全面描述学习者习得过程中的语音偏误及其评价。

语音评价是指语音评价人对说话人整体或部分语音层级的印象评分,评价方式分为单人评价与群体评价。单人评价为一名评价人的主观印象(流畅的、自信的、紧张的、傲慢的、声音清晰的、低沉的、柔和的等),或对话语速度、话语自发性、发音清晰度、话语礼貌度的评估。群体评价为多位评价人对同一语音进行评价。群体评价可以避免单人评价的主观误差。群体评价时,研究人员必须制定统一的评价标准以避免评价者间的差异(籠宫隆之,2015)。本语料库采用群体评价的方式,即多位评价人对同一语音进行评价。在统一的评价标准下,由多位日语母语教师参与学习者语音评价力求平衡评价者间的差异。

本节将依次介绍本中介语语音语料库的标注系统,各个子库所收录语料、语料提供者、语料收录步骤及标注方案的细节。

3.2 语料库的标注系统

语料库构建的工作中,标注是最基础也是最重要的。简单来说,标注就是将语言数据与语言要素(单词、短语、句子等)进行对应表示。具体到语音语料库的标注工作,最核心的是将语音数据与语音要素(音段、超音段)进行对应表示。语料库构建工作中最关键也最艰辛的一项就是语料标注,需要花费大量的时间和人力物力。

一般来说,以母语者为对象的语音语料库可利用语音识别技术进行自动标注,因此,母语者语料库大多选用语音自动标注系统再辅以人工手动检查调整来完成此项工作。这是由于自动标注系统是依据已有的大量母语者数据,进行长期的机器学习才建成的。然而学习者语料库尚在开发阶段,很难利用现有的自动标注系统来完成此项工作。利用自动标注系统来处理学习者语音数据的结果往往不尽如人意,仍然需要大量专业技术人员来完成手动标注工作。并且,在开展学习者语音标注工作之前,研究团队必须确定统一的标注方案。

学习者语料库构建中标注工作是不可或缺的,只有对综合库与专项库做好相应的标注工作,使用者才能从库中调取具有针对性的语音数据及其参数,以分析学习者“中介语模式”的特征与发展路径,或者提取学习者的个体属性,以分析影响"中介语模式"的重要变量。其中,针对学习者中介语语音特征的标注显得尤为必要(Wang & Zhang,2023)。其目的首先在于明确捕捉学习者语音发展的路径,其次可有效提高语音教学与训练的效果。

　　本语料库多维度、多层次的标注系统不仅能满足元音、辅音、声调、语调等平面式的独立层面语音研究,还能推进立体式的界面间语音研究,比如元音与辅音习得的界面关联、声调与语调习得的互动作用等,尤其是音段层面与超音段层面的界面关联,如韵律构造(prosodic structure)是特别值得探讨和深挖的新兴领域。

3.2.1　日语音段体系的标注方案

3.2.1.1　日语的元音系统与标注方案

　　日语的基础元音体系由 5 个单元音构成,即"あいうえお"。学界惯于依照唇形、舌位前后以及开口度等变量来定义这五个单元音(见表 3 - 2)。如表 3 - 2 所示,单元音"あ"为非圆唇后舌开元音、单元音"い"为非圆唇前舌闭元音、单元音"う"为非圆唇后舌闭元音、单元音"え"为非圆唇前舌半闭元音、单元音"お"为圆唇后舌半闭元音。日语单元音在国际音标元音舌位图中所占位置见图 3 - 1 所示。

表 3 - 2　日语的单元音

单元音	唇形、舌位前后以及开口度
あ	非圆唇后舌开元音
い	非圆唇前舌闭元音
う	非圆唇后舌闭元音
え	非圆唇前舌半闭元音
お	圆唇后舌半闭元音

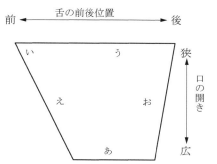

图 3 - 1　日语单元音的舌位示意图

图3-2展示了日语单元音"あいうえお"的声学表现。图3-2清晰地显示了各个单元音的第一共振峰(F1)和第二共振峰(F2)等衡量元音性质的主要声学参量。本语料库主要依据该类声学参量以及感知结果对学习者语音语料进行标注和编码,统一将单元音"あいうえお"分别标注为/a//i//u//e//o/。

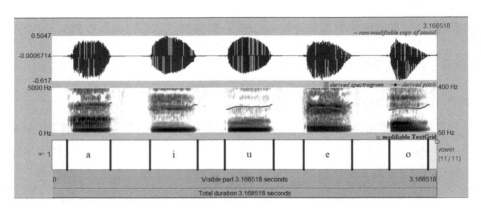

图3-2　日语单元音的声学表现(本研究实验得出)

以汉语为母语的日语学习者在元音习得过程中,"う"的非圆唇性特征一直被认为是习得难点。然而,朱(2010)利用核磁共振成像等研究手段,对汉语和日语的元音"う"唇形、舌位等进行了一系列对比研究。研究结果表明,日语元音"う"并非"非圆唇后高元音"而是"央高元音"且伴有轻度圆唇。基于此,该研究提出日语元音"う"的调音关键是舌位的前后,而不是其非圆唇性特征。无独有偶,寺田(2015)运用声学实验的方法,针对中国日语学习者的元音习得进行研究。其结果也显示,日语"う"的第二共振峰频率(F2)比汉语/u/的数值大。这也说明日语"う"的舌位比汉语/u/靠前。我们在做语音语料标注或元音相关的实证研究时,都必须借鉴这些实证研究的成果。

(1) 元音清化现象与标注方案

元音清化现象作为日语语音的典型特征之一,一直以来都颇受关注。由于受到人类语音产出和感知生理机制的制约,高元音比较容易发生清化现象。我们分析学习者的中介语元音特征可以发现,清化元音的感知是习得难点。清化后的元音能量较弱,语音信息较难捕捉,这会影响感知效率。特别对于初级阶段的日语学习者来说,相对于其他习得项目,清化元音的感知习得比较滞后。图3-3为「ひとつ」的宽带语图,其上层为波形图,中层为宽带语图,下层为语音标注层。观察图3-3,我们可以发现「ひとつ」的「ひ」的语图(实线框)中元音[i]未见明显的共振峰,这表明「ひ」的元音发生了清化。而与此相反,「ひとつ」的「つ」的语图中既有元音又有辅音,这说明该音节未发生元音清化现象。本语料库主要依据该类声学参量以及感知结果对学习者语音语料进行标注和编码,对于发生元音清化现象的音节采用不标注该元音的方式。

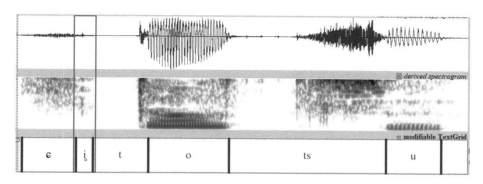

图3-3　「ひとつ」的宽带语图(本研究实验得出)

（2）二连元音与标注方案

日语的元音连缀现象与汉语的二合元音间存在本质差异(朱春跃,2018)。日语元音连缀的所谓语素层面"二合元音"与语音层面"二合元音"并不一致,而与二连元音几无区别。早期研究如斋藤(2009)提出,"アイ、オイ、ウイ、アエ、アウ"等元音连缀的发音依据其出现场合或语速可分为两种,在语速较慢或朗读语流中呈现二连元音的音征,在语速较快或自发语流中呈现二合元音的音征。然而来自朱春跃(2018)的影像学(MRI)证据表明日语元音连缀更趋近于二连元音。

在语料库标注方案中,标注人员将日语二连元音的分界定义于两个元音的中介线,将二连元音做区分标注。

3.2.1.2　日语的辅音系统与标注方案

日语的辅音系统按照其发音方式可分为塞音、擦音、塞擦音、鼻音、近音及闪音或弹音,按照发音部位可分为双唇音、软腭或硬腭音、齿龈音等,详见表3-

3。日语辅音系统与国际音标的对应图见图 3-4。本语料库的日语辅音标注方案可参见图 3-4。

表 3-3　日语的辅音系统

发音方式	发音部位	有声/无声	日语的音
塞音	软腭	无声	カ　キ　ク　ケ　コ　　キャ　キュ　キョ
		有声	ガ　ギ　グ　ゲ　ゴ　　ギャ　ギュ　ギョ
	齿龈	无声	タ　テ　ト
		有声	ダ　デ　ド
	双唇	无声	パ　ピ　プ　ペ　ポ　　ピャ　ピュ　ピョ
		有声	バ　ビ　ブ　ベ　ボ　　ビャ　ビュ　ビョ
擦音	齿龈	无声	サ　ス　セ　ソ
		有声	ザ　ズ　ゼ　ゾ（词中）
	齿龈硬腭	无声	シ　シャ　シュ　ショ
		有声	ジ　ジャ　ジュ　ジョ（词中）
	声门	无声	ハ　ヘ　ホ
	硬腭	无声	ヒ　ヒャ　ヒュ　ヒョ
	双唇	无声	フ
塞擦音	齿龈	无声	ツ
		有声	ザ　ズ　ゼ　ゾ（词首）
	齿龈硬腭	无声	チ　チャ　チュ　チョ
		有声	ジ　ジャ　ジュ　ジョ（词首）
鼻音	齿龈	有声	ナ　ヌ　ネ　ノ
	齿龈硬腭	有声	ニ　ニャ　ニュ　ニョ
	双唇	有声	マ　ミ　ム　メ　モ　　ミャ　ミュ　ミョ
近音	硬腭	有声	ヤ　ユ　ヨ
	双唇软腭	有声	ワ
闪音或弹音	齿龈	有声	ラ　リ　ル　レ　ロ　　リャ　リュ　リョ

調音法	調音点	有声/無声	日本語の音
閉鎖音（破裂音）	軟口蓋	無声	カ[ka]　キ[kʲi]　ク[ku]　ケ[ke]　コ[ko] キャ[kʲa]　キュ[kʲu]　キョ[kʲo]
		有声	ガ[ga]　ギ[gʲi]　グ[gu]　ゲ[ge]　ゴ[go] ギャ[gʲa]　ギュ[gʲu]　ギョ[gʲo]
	歯茎	無声	タ[ta]　ティ[tʲi]　トゥ[tu]　テ[te]　ト[to]
		有声	ダ[da]　ディ[dʲi]　ドゥ[du]　デ[de]　ド[do]
	両唇	無声	パ[pa]　ピ[pʲi]　プ[pu]　ペ[pe]　ポ[po] ピャ[pʲa]　ピュ[pʲu]　ピョ[pʲo]
		有声	バ[ba]　ビ[bʲi]　ブ[bu]　ベ[be]　ボ[bo] ビャ[bʲa]　ビュ[bʲu]　ビョ[bʲo]

調音法	調音点	有声/無声	日本語の音
摩擦音	歯茎	無声	サ[sa]　スィ[sʲi]　ス[su]　セ[se]　ソ[so]
		有声	ザ[za]　ズィ[zʲi]　ズ[zu]　ゼ[ze]　ゾ[zo]
	歯茎硬口蓋	無声	シャ[ɕa]　シ[ɕi]　シュ[ɕu]　シェ[ɕe]　ショ[ɕo]
		有声	ジャ[ʑa]　ジ[ʑi]　ジュ[ʑu]　ジェ[ʑe]　ジョ[ʑo]
	声門	無声	ハ[ha]　ヘ[he]　ホ[ho]
	硬口蓋	無声	ヒャ[ça]　ヒ[çi]　ヒュ[çu]　ヒェ[çe]　ヒョ[ço]
	両唇	無声	ファ[ɸa]　フィ[ɸi]　フ[ɸu]　フェ[ɸe]　フォ[ɸo]

調音法	調音点	有声/無声	日本語の音
破擦音	歯茎	無声	ツァ[tsa]　ツィ[tsʲi]　ツ[tsu]　ツェ[tse]　ツォ[tso]
	歯茎硬口蓋	無声	チャ[tɕa]　チ[tɕi]　チュ[tɕu]　チェ[tɕe]　チョ[tɕo]
鼻音	歯茎	有声	ナ[na]　ヌ[nu]　ネ[ne]　ノ[no]
	歯茎硬口蓋	有声	ニャ[ɲa]　ニ[ɲi]　ニュ[ɲu]　ニェ[ɲe]　ニョ[ɲo]
	両唇	有声	マ[ma]　ミ[mʲi]　ム[mu]　メ[me]　モ[mo] ミャ[mʲa]　ミュ[mʲu]　ミョ[mʲo]
	軟口蓋	有声	カ[ŋa]　キ[ŋʲi]　ク[ŋu]　ケ[ŋe]　ゴ[ŋo] ギャ[ŋʲa]　ギュ[ŋʲu]　ギョ[ŋʲo]

調音法	調音点	有声/無声	日本語の音
接近音	硬口蓋	有声	ヤ[ja]　ユ[ju]　イェ[je]　ヨ[jo]
	両唇軟口蓋	有声	ワ[wa]　ウィ[wi]　ウェ[we]　ウォ[wo]
弾き音	歯茎	有声	ラ[ɾa]　リ[ɾʲi]　ル[ɾu]　レ[ɾe]　ロ[ɾo] リャ[ɾʲa]　リュ[ɾʲu]　リョ[ɾʲo]

图 3-4　日语辅音系统与国际音标的对应图

（1）清浊塞音

日语的清浊对立体系是中国学习者的习得难点。无论是生成还是感知层面，都存在双向混淆现象。实际上，日语与中文（汉语普通话）的塞音对立体系存在差异。日语的塞音体系由有声浊音"だ"与无声清音"た"构成。与此相比，中文（汉语普通话）的塞音体系由送气音"他（ta）"与不送气音"搭（da）"构成。如此，音位对立间的错位是引起习得问题的关键原因。此类清浊塞音的混淆现象在本语料库中也呈现高频趋势。

在实验语音学中，我们一般通过塞音的 VOT（Voice Onset Time）来区分有声或无声音征（Lisker & Abramsn 1964）。所谓 VOT，是代表时长的声学参数，它表示从气流释放到声带开始振动所需的时长。我们可以通过 VOT 数值的正负与大小来判断和描述塞音的有声性。如图 3-5 所示，A 为日语清送气音[tʰ]，VOT＝＋47.1 ms；B 为日语清不送气音[t]，VOT＝＋26.5 ms；C 为日语浊音[d]，VOT＝－51.4 ms。日语清音 A 和 B 的 VOT 大于 0，说明气流释放点早于声带振动起始点，而日语浊音 C 的 VOT 小于 0，说明声带振动起始点先于气流释放点，即发浊塞音时，声带在持阻阶段已经开始振动。这也是我们在感知上区别清浊塞音的重要音征。

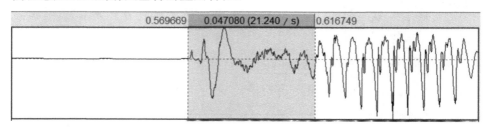

图 3-5-A　日语清送气音[tʰ]，VOT＝＋47.1 ms

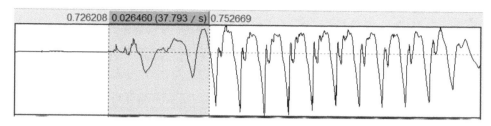

图 3 - 5 - B　日语清不送气音[t]，VOT＝＋26.5 ms

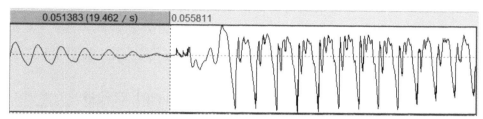

图 3 - 5 - C　日语浊音[d]，VOT＝－51.4 ms

　　在中介语习得理论的框架下，我们通过比较母语者和学习者、不同习得阶段的学习者之间的塞音 VOT 参数，就可以明确判断塞音的有声性。这种办法比人工感知判定更客观，也可以配合统计分析，有效把握学习者的动态习得过程及其突变点。另外，通过采集分析母语者 VOT 数值，我们还发现位于词首的浊塞音往往会清化，而位于元音中间的浊塞音则更容易保持负 VOT 数值。详见本语料库子库【NNS_SL_Stop】的标注方案。

　　（2）鼻浊音

　　当ガ行假名出现在词中，或作为助词出现时，它们的发音有时为浊塞音，有时为鼻音。学界通常把这种鼻音称为"鼻浊音"。鼻浊音的标记为"カ°、キ°、ク°、ケ°、コ°"，国际音标的标记为/ŋ/。

　　在《NHK 日本語発音アクセント新辞典》（2015）问世之际，鼻浊音的去留问题又一次成为关注焦点（塩田雄大，2016）。纵览现代日语，虽然整体来说鼻浊音的使用频率渐渐降低，但并没有完全消失。《NHK 日本語発音アクセント新辞典》中"ガ行"鼻浊音的标示为"カ°、キ°、ク°、ケ°、コ°"，而有声塞音的标示为"ガ、ギ、グ、ゲ、ゴ"。原则上，鼻浊音只出现在词中或词尾，不出现在词首。但有时即使出现在词中，也呈现有声塞音的发音。鉴于此，本语料库将ガ行假名的浊塞音与鼻浊音发音加以区分标注。

　　基于这样的现状,笔者认为在日语发音教学中不能完全废除鼻浊音的教学。特别在初级发音指导阶段,有必要教授鼻浊音的概念并进行感知和生成训练。在语音教学过程中,我们也经常观察到,对于不同母语或母方言背景的学习者来说,日语鼻浊音的习得度是不同的。有的学习者在习得过程中,由于母方言语音体系的迁移而造成日语鼻浊音的习得困难,甚至出现用"あ、い、う、え、お"代替鼻浊音的偏误现象。如果在教学中遇到这样的学习者,笔者认为没有必要折损学习者的学习兴趣和自信去练习鼻浊音。基于语音现状调查的结果,教学者可采取灵活的应对方法,用有声塞音代替发音困难的鼻浊音。

3.2.2　日语超音段体系的标注方案

　　ToBI(Tones and Break Indices)是在世界范围内被广泛使用的韵律标注系统,主要以音系学层面音高高低(Tone,用 H 和 L 表示)及韵律边界强度(BI,用数字表示)两个维度来描述语言的韵律特征。ToBI 将语音的基频(F0)定义为韵律的物理相关量,并认为 F0 的整体形状可以用上述两个维度的组合来拟合。早期的 ToBI 只用于标注英语韵律(Silverman et al., 1992),之后逐渐应用于其他语言,如今业已成为韵律标注系统的总称。

　　J_ToBI 基于日语音系特征研究成果(Pierrehumbert & Beckman, 1988)改编而成,其应用框架符合日语的韵律标注系统(Venditti, 1995,2005)。J_ToBI 用表 3-4 中的五个层级来标注日语的韵律,其中包括词汇信息(Word)、音高(Tone)、韵律边界强度(Break, Indices)、结句(Finality)及备注(Miscellaneous)。除此之外为了减少标注工作量,日语口语语料库(CSJ)还在传统 J_ToBI 标注系统的基础上又衍生出简易标注版 X - JToBI(参见 Maekawa et al., 2002)。

表 3-4　J_ToBI 标注系统

层级名称	标注信息	标签示例(部分)
Word	词语信息	单词的语音形式
Tone	音高	%L, H−, H* +L, L%, H%
BI(Break Indices)	韵律边界强度	0, 1, 2, 3

(续表)

层级名称	标注信息	标签示例(部分)
Finality	结句	final
Miscellaneous	备注	

3.2.2.1　日语的节律系统与标注方案

日语的元音和辅音组合而形成的规则语音连续统,我们通常把此类语音连续统称为节律。日语节律中最核心的概念就是节拍(或 mora),用来表示日语语音的时长。日语的节拍可分为自立拍与特殊拍。顾名思义,自立拍是独立音节,而特殊拍必须依附于自立拍才能构成音节。自立拍由元音(V)或辅音＋元音(CV)结构组成,而特殊拍包括长音、促音与拨音。在本语料库中分别用相应的元音音标(长音特殊拍)、Q(促音特殊拍)、N(拨音特殊拍)进行标注。

日语语音体系规定日语的节拍具有等时性特征,即每个节拍所占发音时长大致相等。这一特征具体表现为:①一个假名为一个节拍,比如"だいがく"由四个假名组成,其发音即为 4 拍,且每拍所占时长几乎相等。②"○ゃ""○ゅ""○ょ"等拗音虽看上去由两个假名组成,然而也只占 1 拍时长,比如"きゃく"为"きゃ/く"占 2 拍,"ちょきちょき"为"ちょ/き/ちょ/き"占 4 拍。因此,拗音节拍与其他普通假名节拍占相同的发音时长。③特殊节拍(即长音、促音与拨音)占 1 拍时长。特殊拍必须依附于自立拍,如"えいご""パーク""きっと",紧跟在自立拍之后出现。在本语料库中,我们将特殊拍独立标注,以方便语料库使用者提取相关语音及标注信息。

3.2.2.2　日语的音高重音系统与标注方案

日语的词调通过相邻节拍的相对音高高低来实现。基于此,日语的词调系统被称为"音高重音(pitch accent)"系统。日语的音高重音系统的特征主要体现为:①通过相邻节拍的相对高低来实现日语词调;②单词的音高重音各不相同,原则上无法预测,具有随意性特征。日语的词调大致分为平板型和起伏式,其中起伏式又可细分为头高型、中高型和尾高型(如表 3－5 所示)。

表3-5 日语词调分类

词调类型	高低模式	高低模式的示意图
头高型	タ˥タタタ 高—底—底—底	
中高型	タタ˥タタ 底—高—底—底	
	タタタ˥タ 底—高—高—底	
尾高型	タタタタ˥ 底—高—高—高	
平板型	タタタタ 底—高—高—高	

　　如表3-5所示,日语普通话(东京方言)的词调特征主要体现为①词首第一拍与第二拍的音高不同;②在同一单词中,词调一旦下降就不再上升。

　　日语词调属于高低音高重音类型,通过词语内部相邻节拍的相对音高高低区别语义(如,"雨"和"飴")。日语词调特征具体表现为音高重音核所处节拍到后接节拍间的音高急剧下降。而学习者中介语的音高重音表征也各不相同,与日语母语者的语音产出也不尽相同。图3-6展示了两位日语学习者产出的"おりる"语图,左边为 NNSM_Accent_01 的语音,右边为 NNSM_Accent_03 的语音。左边的音高曲线显示该语音没有音高重音核,不发生基频下降现象,属于中介语语音特征中较为典型的声调平板化现象。而右边的"おりる"音高曲线显示在"り"节拍处有音高重音核,"り"之后基频下降。

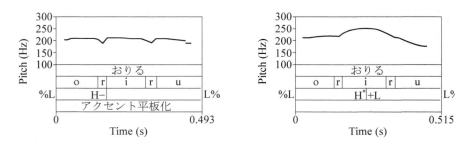

图3-6 "おりる"的中介语语音的音高重音标注示例

　　如上图3-6所示,在本语料库的韵律标注系统(I_JToBI)中,第一层标注为单词信息,第二层为音段信息,第三层为音高重音信息,第四层为中介语语音特征标注。在第三层中,单词的音高重音核用 Tone 层中的"H* +L"标签表示,它代表了承担音高重音核(*)的节拍相对较高的音高(H)与后接音高下降(L)的组合。参见图 3-6 左图,"おりる"中不存在明显的音高下降现象,因此使用了%L、H-和 L%的标签组合进行了标注。而如图 3-6 右图所示,"H* +L"标签通常标注在 F0 最高点。如图 3-6 所示,%L 与 L%分别表示短语的开端与结尾,也意味着韵律边界。

　　然而,有时 F0 实际最高点比感知到的有所延迟,这种现象被称为延迟下降(遅下がり)。本语料库将"H* +L"标注在感知到的 F0 最高点,并将延迟下降标签"<"标注在实际 F0 最高点。图 3-7 是"奈良に(ならに)"的标注示例。图中语音的 F0 从"ら"节拍结尾处才开始下降,而听感中的音高重音为头高型,呈现明显的延迟下降特征。该语料标注表明了声学表现中 F0 的实际最高点滞后于表层音高重音节拍。

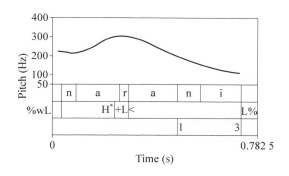

图 3-7　"奈良に"延迟下降情况的标注示例

3.2.2.3　日语的语调系统与标注方案

　　简单而言,以单词为单位的音高变化被称为"音高重音",而以句子为单位的音高变化被称为"语调"。由此可见,两者虽同为音高参量,但实现于不同层面,音高重音主要体现在单词层面,而语调特征主要体现在语句层面。

　　语调又可细分为句中语调与句末语调,各自发挥着不同功能。句中语调的核心功能是整合句中各成分的高低音高变化,句中语调呈现平滑特征。日语中句中语调一般体现为一个"山坡"形状,这是日语句中语调的基本模式。整体语调基于该基本模式,朝向句尾缓缓下降。一般来说,句中语调不会频繁地出现上下起伏的现象。因而,日语语调常给听者带来平坦的且缺乏抑扬顿挫的印象。

（1）日语句中语调的特征与标注方案

日语句中语调大致呈现图 3-8 的走势，音高曲线平滑且无频繁的起伏波动。曲线下降位置一般与词调下降位置重合，按照发音时间序列，第一个词调下降位置的音高下降幅度最大，之后每遇到词调下降，语调也下降一定幅度，整句语调朝向句尾呈缓缓下降趋势。刘佳琦（2013，2020）把句中语调形象地比喻为"大山坡"，而每个词调下降位置则为语调"大山坡"的下山"小台阶"。

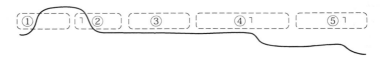

图 3-8　日语句中语调的音高示意图

单词的音高重音与韵律短语密切相关。J_ToBI 标注系统中存在两种韵律短语，音高重音短语（アクセント句，AP）与语调短语（イントネーション句，IP），并依据音高整体协变和韵律边界强度来定义并标注这两种短语。

音高重音短语位于语调短语的下位（见图 3-10）。音高重音短语从短语第 1 节拍到第 2 节拍呈现出音高上升，直至语尾缓慢下降，整个短语中最多存在一个音高重音核。例如，图 3-9 的"植えるのなら奈良に（要种的话，就种在奈良）"由"植えるのなら"和"奈良に"两个音高重音短语组成。从左往右看第二层标签，从第 1 个音高重音短语的开头"％L"到"H－"，整体 F0 不断上升，从音高重音核标签"H* ＋L"到语尾"wL％"急剧下降。在第二个音高重音短语中，短语开头音高重音核标签"H* ＋L"，即"な"开始 F0 下降（至高点稍有延迟），F0 缓缓地下降到语尾的"L％"。因而，整句语音的音高曲线上可观察到两个音高重音短语的音高变化呈山坡状。

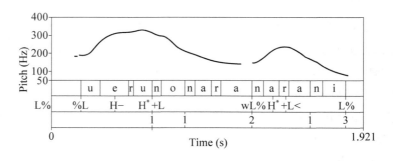

图 3-9　"植えるのなら奈良に"的标注示例

关于标签还有几点需要补充。首先,"％L"仅使用于音高重音短语前存在停顿且无先行韵律短语的情况。其次,当起始音节为重音节或音高重音核时,则使用"％wL""wL％"标签来代替"％L""L％",表示此处的音高高于通常情况。

在 BI 层中也标注了音高重音短语边界。BI 层用整数(如 0、1、2、3 等)表示韵律边界的强度,最弱为"0",最强为"3"。单词边界的 BI 通常为"1",但在较快语速等情况下,听感上词与词紧密相连时则 BI 层标记为"0"。音高重音短语边界的 BI 为"2",语调短语边界一般用标签"3"表示。

语调短语是位于音高重音短语之上的韵律短语,由一个或多个音高重音短语组成(见图 3 - 10)。语调短语被定义为指定音高范围的韵律区域,其特征是在起始处音高的重置(pitch reset)。

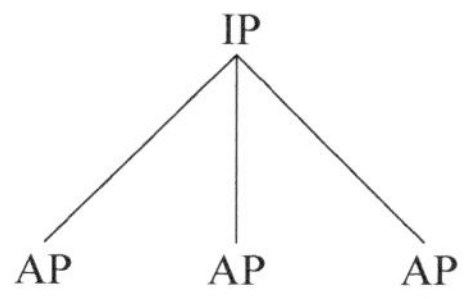

音高重置与降阶(downstep)现象紧密相关。日语的降阶现象是指每当出现有核音高重音短语时,后续音高重音短语的 F0 最高点就会显著降低。例如,在图 3 -

图 3 - 10　音高重音短语(AP)和语调短语(IP)的层次结构

11"青い海の波が見えない(看不见碧蓝大海的波浪)"的语调短语中,"青い""海の""波が"均为有核音高重音短语,从左端起直至"波が",F0 层层降阶。再看"みえない"短语的音高曲线则出现了音高重置现象,在新音高范围中构建出另一个完整的语调短语。整句语料的韵律层级如图 3 - 12 所示。

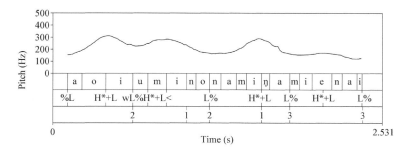

图 3 - 11　"青い海の波が見えない"的标注示例

图 3 - 12　"青い海の波が見えない"的韵律层级

（2）日语句末语调的特征与标注方案

日语句末语调的功能和句中语调不同，主要用来表达说话人的情感和语气。说话人可通过调节句末语调的声学要素以表达复杂的情感与语气，比如语调上升或下降，幅度与速率的变化等。正因句末语调的复杂度较高，也成为学习者的习得难点之一。学习者在交际过程中，常常因语调声学要素的差异导致期望以外的情感或语气传达偏误。这些中介语语调应该予以重视，在语料库中做好区分标注，以便语料库使用人员进行深入研究。

在音高重音短语和语调短语末尾节拍处，除一般音高下降结句外，有时音高曲线还伴随着上扬等波动情况。前者被称为简单边界调，后者被称为复合边界调（Boundary Pitch Movement，BPM）。BPM 一般表现为三类：①音高直接上扬的"H％"，②在上扬前保持一段较低音高的"LH％"，③在音高上升后又下降的"HL％"（见图 3-13）。BPM 在语音与语义、语音与语法、语音与语用等的界面研究中发挥着重要作用。此外，音高波动有时发生在句末节拍之前，这种情况下在 BPM 的起始点标注"＞"。

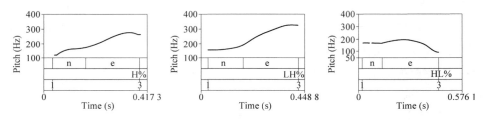

图 3-13　复合边界语调"H％""LH％""HL％"的标注示例

日语韵律层级模式如下图 3-14。J_ToBI 标注系统一般从句首边界调开始，句首上扬，短语或句中每个单词的音高重音，再到最后表达语用功能的句末边界调进行标注（见图 3-14）。

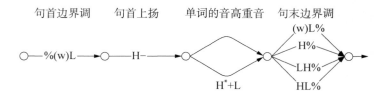

图 3-14　日语韵律层级模式图（根据 Igarashi et al.（2013）改制）

3.2.2.4　辅助标签

（1）音高重音核的辅助标签

在连续降阶且音高范围显著缩小等情况下，有时难以判断是否存在音高重音核。这种情况下，不使用"H* ＋L"的标签，而是用"＊?"的标签来表示不确定音高重音核的有无。

（2）BI 的辅助标签

有时，听感上的韵律边界强度与 F0 形状显示的韵律边界可能不一致。例如，有时听感为音高重音短语边界，但从 F0 能观察到音高重置；又有时听感为语调短语边界，但从 F0 却能观察到降阶现象。这种情况下，在 BI 中添加表示不匹配（mismatch）的"m"辅助标签。

（3）非流畅的辅助标签

当观察到停顿、反复等非流畅现象时，在 BI 中添加"p"辅助标签来表示，也会在音段标注层中添加〈pz〉标签表示停顿，〈r〉标签表示反复。需要注意的是，尽管此类非流畅现象可能导致话语的韵律中断，但多数情况下不会破坏韵律层级结构。在标注中介语口语语料时，由于学习者的目标语日语口语表达的流利度较低，出现停顿或反复现象，因此标注中常常用到这些标签。

3.2.2.5　标记注意点

本节所举示例均为有声音（浊音、鼻音或元音），因此基频曲线较为明显。然而真实语料中如有清音或元音清化，声学分析软件则不能准确预测 F0 值，甚至无法观测到 F0 曲线。因此，尽管 F0 曲线是判断语调等的重要依据，但需注意不能完全依赖它，而应结合听感以推测、填补音高曲线。

此外，BI 的判断主要依靠主观推测。推测时需考量 F0 整体形状、音段末延长（Phrase-final lengthening）、停顿、音质等各类要素，即使高级标注人员判断 BI 亦非易事。故而在学习者中介语语音的标注工作中，辅助标签的使用显得尤为重要。

3.2.3　本语料库的标注系统

3.2.3.1　本语料库的标注团队与训练步骤

语料库的标注团队有 4 名成员。由本项目负责人担任标注团队负责人，其他 3 位成员为复旦大学日文系本科生和研究生，具体细节见下表 3 - 6。团队成员均为高级日语学习者,且均修读过日语语音学相关课程,拥有语音学以及日语音系学的基础知识,了解中国学习者的常见日语中介语语音特征。

表3-6 本语料库的标注团队

标注团队成员	年龄	性别	学历	标注工作内容
项目负责人	40	女	博士研究生	【NNS_CC】(标注、检查) 【NNS_SC_Accent】(标注、检查) 【NNS_SC_Rhythm】(标注、检查) 【NNS_CL】(标注、检查) 【NNS_SL_Stop】(标注)
团队成员 A	21	女	本科生	【NNS_SC_Accent】(标注) 【NNS_SC_Rhythm】(标注)
团队成员 B	24	女	硕士研究生	【NNS_SC_Accent】(标注、检查) 【NNS_SC_Rhythm】(标注、检查) 【NNS_SL_Stop】(检查)
团队成员 C	23	女	硕士研究生	【NNS_CC】(标注) 【NNS_SC_Accent】(标注) 【NNS_SC_Rhythm】(标注) 【NNS_CL】(检查)

由于团队成员(除项目负责人外)均不具备语音语料库标注经验,因此负责人在正式开始标注工作前开展了3轮语音标注训练。其目的之一为训练团队成员熟练运用 Praat 软件进行标注,目的之二为提高团队成员间的标注一致度。第一轮语音标注训练,4 位团队成员各自完成 3 段来自不同发音人的语料库收录语音数据,通过线上会议平台,一同讨论用于训练的三段语音标注并制定统一的标注方案(音节起始与结束位置、二连元音转轨段的音段划分、IPA 标注符号、特殊拍标注符号、Tone 层的标注细节、中介语语音特征的标注符号)。第二轮语音标注训练,首先 4 位团队成员各自修改第一轮的 3 段语音标注,并各自增加两段来自不同发音人的语料库收录语音数据,完成后将 TextGrid 文件发给负责人。然后由负责人计算 4 位标注团队成员的标注符号使用一致性,Kappa 系数为 0.76,随即开始语料库标注工作。标注工作分为两个部分,标注与检查。为保证语料库标注的可信度,每个语音数据都经过标注和检查两个环节,以避免错误。当标注工作过半时,为测量此时的标注一致度,团队成员开展了第三轮语音标注训练,步骤同第二轮训练,计算 Kappa 系数为 0.75,则继续

开展语料库标注工作,直至结束。

3.2.3.2　本语料库的标注系统 I‑JToBI(Interlanguage‑JToBI)

正如 Venditti(2005)自述,日语韵律标注时并不一定必须遵循 J_ToBI 规则,J_ToBI 只是一种还在不断完善的工具。因此,笔者认为最适合的标注系统首先应该符合研究者各自需要,可通过相应改善以满足研究工具的适切性,而非故步自封于目前的 J_ToBI 系统。

首先,本语料库的综合库【中级学习者日语朗读与自然口语语料库】与专项库【不同方言者的声调语料库】、【不同方言者的特殊拍(促音拍)语料库】依据 J‑ToBI 系统开发并采用 I‑JToBI 进行标注。I‑JToBI 系统标注分为五个层级:语料信息、音段信息、音高、韵律边界强度、备注(中介语特征等)(见表3‑7)。其中第五层级中标注的学习者中介语语音特征,突显了本语料库的创新之处。

表 3‑7　I‑JToBI 标注系统的层级与标签示例

层级名称	标注信息	标签示例(部分)
material	语料(单词或句子)	假名形式
Word	词语信息	音段形式
Tone	音高	%L, H−, H* +L, L%, H%
BI	韵律边界强度	0, 1, 2, 3
Miscellaneous	备注(中介语特征等)	元音脱落

其次,本语料库的综合库【初级学习者纵向朗读语料库】与专项库【多语者的日语塞音纵向语料库】则依据相关领域的权威研究成果选取适宜的标注方式。其中【多语者的日语塞音纵向语料库】依据 Lisker and Abramson(1964)进行四个层级标注:词语信息(word)、音节(s)、嗓音起始时间(VOT)、持阻时长(c)。【初级学习者纵向朗读语料库】进行了两个层级标注:短句信息(sent)、词语信息(word)。

正如 Wang and Zhang(2023)所述,学习者中介语语音特征的标注尤为必要。其目的首先在于明确捕捉学习者语音发展的路径,其次可有效提高语音教学与训练的效果。本语料库的中介语特征的标注如图 3‑15 和图 3‑16 所示。如下图所示,学习者的语音标注分别为第一层语料(单词),第二层音段信息,第三层音高信息,第四层中介语特征。图 3‑15 的学习者发音中,词调与促音拍节奏呈现中介语语音特征。而图 3-16 的语音标注层次与图 3-15 相同,第四层则标注为词调的中介语语音特征。由于图 3-15 和图 3-16 的示例来自单词语料语音,故标注层中省略了韵律边界强度(BI 层)。

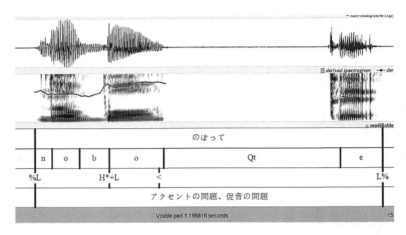

图 3-15 学习者的中介语语音特征标注例 1

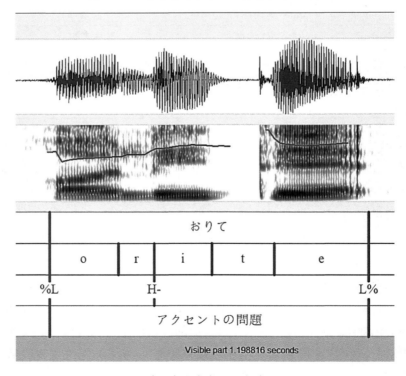

图 3-16 学习者的中介语语音特征标注例 2

综上,本语料库的多维度多层次标注系统不仅能满足元音、辅音、声调、语调等平面式的独立层面语音研究,更能推进立体式的界面间语音研究发展,比如元音与辅音习得的界面关联、声调与语调习得的互动效应等,尤其是音段层面与超音段层面的迭代式界面关联,即韵律构造(prosodic structure)研究,比如语音与语义、语音与语法、语音与语用等界面研究是特别值得探讨和深挖的新兴领域。

语料库使用者可利用已有标注,直接读取 TextGrid 文件,获取 I - JToBI 五层语音参数信息。使用者更可根据各自的个性化研究课题,对语音数据进行二次标注,以获得更为细致且适切的语音参数信息。

3.3 语料库子库—横向中介语语音语料库

本书研究的横向语料库包含【综合横向库—中级学习者日语朗读与自然口语语料库】、【专项横向库—不同方言者的声调语料库】与【专项横向库—不同方言者的特殊拍(促音拍)语料库】,横向语料库适用于调查不同语域或属性条件下的语音习得表征。其中【综合横向库—中级学习者日语朗读与自然口语语料库】(Comprehensive Cross-sectional Corpus of Non-native Speaker's Japanese,简称 NNS_CC),收录了 13 名中级学习者的日语朗读与自然产出语音。语料内容包含音段与超音段中介语语音数据,适合于大规模系统性的日语语音习得研究。【专项横向库—不同方言者的声调语料库】(Specific Cross-sectional Corpus of Non-native Speaker's Japanese Accent,简称 NNS_SC_Accent)与【专项横向库—不同方言者的特殊拍(促音拍)语料库】(Specific Cross-sectional Corpus of Non-native Speaker's Japanese Rhythm,简称 NNS_SC_ Rhythm),收录了 54 名不同方言背景学习者的日语声调与特殊拍语音数据,更适合于语音专项模块习得研究。

3.3.1 【综合横向库—中级学习者日语朗读与自然口语语料库】(NNS_CC)的介绍

该语料库共收录了 13 名中级日语学习者的 442 个朗读与自然口语语音数据及相对应的标注数据。其中单词朗读 312 个,短句朗读 104 个,语篇朗读 13 个,自然口语演讲 13 个。本小节将详细介绍【NNS_CC】的语音语料、参与者、收录步骤及标注方案。

3.3.1.1 语料

本语料库收录的语料为 24 个单词、8 个短句、1 个语篇以及 1 个自然口语演讲。单词与短句的朗读内容参考了 NNS 发音困难项目的一览表（助川1993）。其中囊括了清浊塞音、元音弱化、特殊拍、音高重音、句中与句末语调等内容，具体如下：

表 3 – 8　中级学习者日语朗读与自然口语语料库【NNS_CC】的语料

【单词】	24	1) おふろ 4) みず 7) からだ 10) つくえ 13) どようび 16) にほんご 19) あんしん 22) わたし	2) ふたり 5) つまらない 8) たとえば 11) たぶん 14) きゅうきゅうしゃ 17) ほんや 20) ゆうびんきょく 23) れいぞうこ	3) かいしゃ 6) いっぱい 9) うるさい 12) ちょっと 15) はな 18) てんいん 21) ねこ 24) べんきょう
【短句】 ＊所有日本汉字 均标有假名读音	8	① 昨日の試験は難しかったです。 ② スポーツの中で何が一番好きですか。 ③ 忙しくなかったら、ちょっと手伝ってください。 ④ 定期券を落としてしまったんですが、どうしたらいいでしょうか。 ⑤ ゆうべは暑くてよく眠れませんでした。 ⑥ 明日はちょっと都合が悪いんですけど。 ⑦ この本、いつまでに返さなければいけませんか。 ⑧ 私も食事はまだだから、一緒にどうですか。		
【语篇】 ＊所有日本汉字 均标有假名读音	1	私はおととい上野動物園へ行きました。朝9時に家を出ました。10時半ごろ動物園に着きました。色々な動物がいました。あっ、そうそう。有名なパンダもいました。午後からは動物園の隣の公園を散歩しました。		
【演讲】	1	① 家族について　② 趣味について　③ 今までの旅行の経験について ＊请选择一个主题进行演讲		

3.3.1.2 参与者

本语料库参与者为就读于大学日语专业的 13 名中级日语学习者，年龄分布在 18 至 20 岁。参与者拥有健全的听感和发音能力。以下为参与者的属性

☐ NNS_CC_01-この本、いつまでに返さなければいけませんか.TextGrid
◉ NNS_CC_01-この本、いつまでに返さなければいけませんか.wav
☐ NNS_CC_01-スポーツの中で何が一番好きですか.TextGrid
◉ NNS_CC_01-スポーツの中で何が一番好きですか.wav
☐ NNS_CC_01-ゆうべは暑くてよく眠れませんでした.TextGrid
◉ NNS_CC_01-ゆうべは暑くてよく眠れませんでした.wav
☐ NNS_CC_01-定期券を落としてしまったんですが、どうしたらいいでしょうか.TextGrid
◉ NNS_CC_01-定期券を落としてしまったんですが、どうしたらいいでしょうか.wav
☐ NNS_CC_01-忙しくなかったら、ちょっと手伝ってください.TextGrid
◉ NNS_CC_01-忙しくなかったら、ちょっと手伝ってください.wav
☐ NNS_CC_01-明日はちょっと都合が悪いんですけど.TextGrid
◉ NNS_CC_01-明日はちょっと都合が悪いんですけど.wav
☐ NNS_CC_01-私も食事はまだだから、一緒にどうですか.TextGrid
◉ NNS_CC_01-私も食事はまだだから、一緒にどうですか.wav
☐ NNS_CC_01-昨日の試験は難しかったです.TextGrid
◉ NNS_CC_01-昨日の試験は難しかったです.wav

图 3-17　【NNS_CC】短句朗读的语音与标注数据例

信息、学习动机及策略。

（1）参与者的属性信息

本语料库参与者中，有 12 名女性，1 名男性；2 名闽方言者，3 名普通话者，其余均为吴方言者，但方言者也能熟练运用普通话进行听说读写活动。大部分参与者的第一外语为英语，学习第二外语日语的时间为 2—3 年，且达到中级日语水平。他们中间有 6 名参与者曾接受过日语发音方面的训练，另有 4 名接受过音乐或乐器方面的训练。详见表 3-9【NNS_CC】参与者的属性信息。

表 3-9　【NNS_CC】参与者的属性信息

参与者编号	年龄	性别	方言	外语学习经历 1	外语学习经历 2	发音训练	音乐或乐器训练
NNS_CC_01	18	female	wu	English	Japanese	no	no
NNS_CC_02	18	female	Putonghua	English	Japanese	no	no
NNS_CC_03	19	female	wu		Japanese	no	no
NNS_CC_04	20	female	wu	English	Japanese	no	no
NNS_CC_05	19	female	wu	English	Japanese	yes	yes
NNS_CC_06	19	female	wu		Japanese	no	no
NNS_CC_07	18	female	wu	English	Japanese	yes	yes

参与者编号	年龄	性别	方言	外语学习经历1	外语学习经历2	发音训练	音乐或乐器训练
NNS_CC_08	19	female	min	English	Japanese	yes	yes
NNS_CC_09	19	female	wu	English	Japanese	no	no
NNS_CC_10	20	male	wu	English	Japanese	yes	no
NNS_CC_11	18	female	Putonghua		Japanese	yes	no
NNS_CC_12	19	female	Putonghua	English	Japanese	yes	no
NNS_CC_13	18	female	min		Japanese	no	yes

（2）参与者的学习动机及策略

为了弄清学习者的发音学习动机与策略，本语料库在搜集语音数据的同时，也请参与者填写了问卷（详见附录2）。问卷内容参照了小河原（1997）。因考虑到问卷调查在国内进行，故在不改变内容主旨的前提下，研究人员对问卷内容做了以下调整。

因子4）交际意愿①

（修改前）回国之后我想继续学习日语→（修改后）毕业之后我想继续学习日语

因子5）融合动机

（修改前）回国后，如果有机会的话，我还想去日本学习日语→（修改后）毕业后，如果有机会的话，我想去日本学习日语

因子6）发音体验感

（修改前）在日本生活，正确的发音很重要→（修改后）如果将来去日本的话，在日本生活，正确的发音很重要

本语料库的发音学习动机及策略问卷内容如下表3－10所示。表3－10展示了详细问卷内容以及所测量的动机及策略因子。因子1—6测量发音学习的动机，因子7—11测量发音学习策略。问卷采用李克特量表法（完全不同意1，不太同意2，两者都不是3，有点同意4，非常同意5）（详见附录2）。

---

① 仅调整部分因子。

表 3-10 发音学习动机及策略的因子与问卷内容

因子	问卷内容（附录 2 的编号）
因子 1) 对发音的 未来期望	① 我认为,自己将来的日语会比现在好,能和日本人更好地会话(15) ② 我认为,将来,我能比现在更加顺利地表达自己想说的话(19) ③ 我认为,将来我的日语比现在更正确、自然(38) ④ 我认为,将来,我的日语发音会比现在好(51)
因子 2) 工具动机	① 我认为,以后回国工作的话,日语是很必要的(14) ② 会说日语对找工作有利(17) ③ 我想从事使用日语的工作(29) ④ 学会日语后,我想在日本工作(47)
因子 3) 提高发音意愿	① 我希望能增加发音课和发音指导(13) ② 日语学习中发音是很重要的一个环节(37) ③ 我会为了改善日语发音而努力的(39) ④ 不满足现状,争取发音能变得更好(42)
因子 4) 交际意愿	① 毕业之后,我想继续学习日语(40) ② 我想和日本人一起学习或是工作(46) ③ 我想用日语和日本人交谈(49) ④ 我想和日本人成为朋友(50) ⑤ 我想用日语向日本人表达自己的想法(53)
因子 5) 融合动机	① 我想学习发音,能和其他国家的同学用日语交谈(30) ② 毕业后,如果有机会的话,我想去日本学习日语(31) ③ 我对日语和日本文化感兴趣(35) ④ 我喜欢学习日语(57)
因子 6) 发音体验感	① 如果将来去日本的话,在日本生活,正确的发音很重要(22) ② 我想学习日语的发音,这样其他同学就不会笑话我了(56)
因子 7) 自我评价型 策略	① 我纠正自己的发音,直到自己满意为止(2) ② 我在说日语时,一直注意自己的发音(5) ③ 我在发音时,会注意自己的声调和语调(11) ④ 我经常注意自己发音的缺点(16) ⑤ 我会使用老师给予我的发音的建议和说明(28) ⑥ 我会考虑,为什么别人的发音那么好(36) ⑦ 我经常注意自己的发音是否正确(48) ⑧ 我会确认和以前相比,自己的发音好了多少(54) ⑨ 我模仿老师和磁带的发音(55)
因子 8) 目标依赖型策略	① 我向老师和朋友请教怎样发音(6) ② 我会确认发音的目标是否达成(9) ③ 发音练习的目标达成了,会树立下一个目标练习(12) ④ 我会向人询问,自己的发音是否正确(20) ⑤ 我使用发音教材或参考书(21)

(续表)

因子	问卷内容(附录2的编号)
	⑥ 一点一点地改变,纠正发音(24) ⑦ 平时一想到,就一个人练习发音(32) ⑧ 我有目标地进行发音练习(33)
因子9) 听取模范型策略	① 一个一个假名都很注意的发音(1) ② 自己反复地练习发音(3) ③ 使用录音机等设备练习发音(8) ④ 我会考虑,我的发音和模范发音有什么不同(10) ⑤ 反复听模范发音,记住并凭此印象发音(27) ⑥ 朗读日语教材,并读出声来(34) ⑦ 让老师或者日本人纠正我的发音(52)
因子10) 口型意识型策略	① 练习发音时,我注重大声地清楚地发音(4) ② 注意舌头、嘴唇以及口腔来发音(7) ③ 看着老师的嘴型,模仿发音(18) ④ 比较别人的发音和自己的发音(43) ⑤ 被老师纠正发音之后,我意识到自己的发音和以前不一样了(44)
因子11) 他人意识型策略	① 我很注重日本人和其他同学,对我发音的评价(23) ② 比较日语和我的母语在发音上的相同和不同(25) ③ 说得不好,或是说错的时候,能改正,重新说(26) ④ 自己在发音的时候,顾及对方对自己发音的看法(45)

因子1—6测量发音学习的动机,因子7—11测量发音学习策略。各因子详细内容如下:

发音学习的动机

因子1) 对发音的未来展望,包含第15、19、38、51道问卷问题,这些问题都可以测量参与者是否及如何展望将来发音水平的提高。

因子2) 工具动机,包含第14、17、29、47道问卷问题,这些问题都可以测量参与者是否及如何认识日语能力作为将来的工具手段。

因子3) 提高发音意愿,包含第13、37、39、42道问卷问题,这些问题都可以测量参与者是否认同发音学习的重要性及积极提高发音能力的意愿程度。

因子4) 交际意愿,包含第40、46、49、50、53道问卷问题,这些问题都可以测量参与者是否愿意用日语与日本人交流及意愿程度。

因子5) 融合动机,包含第30、31、35、57道问卷问题,这些问题都可以测量参与者是否喜爱目前的日语学习环境、生活环境、日本人与日本文化及喜爱程度。

因子 6)　发音体验感，包含第 22、56 道问卷问题，这些问题都指向敏感事件，即因无法与日本人沟通或曾被人嘲笑过发音问题。

发音学习的策略

因子 7)　自我评价型策略，包含第 2、5、11、16、28、36、48、54、55 道问卷问题，这些问题都可以测量参与者是否及如何通过自我评价发音实现自我学习。

因子 8)　目标依赖型策略，包含第 6、9、12、20、21、24、32、33 道问卷问题，这些问题都可以测量参与者是否及如何树立目标，以目标为导向开展发音学习。

因子 9)　听取模范型策略，包含第 1、3、8、10、27、34、52 道问卷问题，这些问题都可以测量参与者是否及如何听取模范发音进行学习。

因子 10)　口型意识型策略，包含 4、7、18、43、44 道问卷问题，这些问题都可以测量参与者是否及如何通过调整口型等发音器官进行发音学习。

因子 11)　他人意识型策略，包含 23、25、26、45 道问卷问题，这些问题都可以测量参与者是否及如何通过他人对自己的发音评价进行发音学习。

本语料库的学习动机与策略问卷参考了小河原(1997)的研究范式。小河原(1997)通过因子分析明确了以上 11 个因子具有清晰的可靠性与可信度。由此可见，本问卷可以确切描摹参与者的发音学习的动机与策略。调查时，研究者打乱了问卷问题的顺序，使用中文版问卷。

3.3.1.3　收录步骤

本语料库进行了语音收录和问卷调查。首先，语音收录包括单词、句子、文章、演讲，收录时间大约每人 10 分钟。研究者选择在专业录音室或安静场所进行语音收录工作，使用的录音器材为 SONYDAT 录音机(TCD - D100)和单一指向性话筒(SONY ECM - MS 957)。语音收录内容如表 3 - 8 所示，将所有朗读语料内容与演讲主题用 Power Point 制成提示卡片(见图 3 - 18)，由参与者按动鼠标自行完成发音，研究者进行全程录音。其次是问卷调查，内容包括参与者的属性信息(年龄、性别、方言、外语学习经历、发音训练的有无、音乐或乐器训练的有无)，参与者发音学习的动机与策略问卷(详见附录 2)。

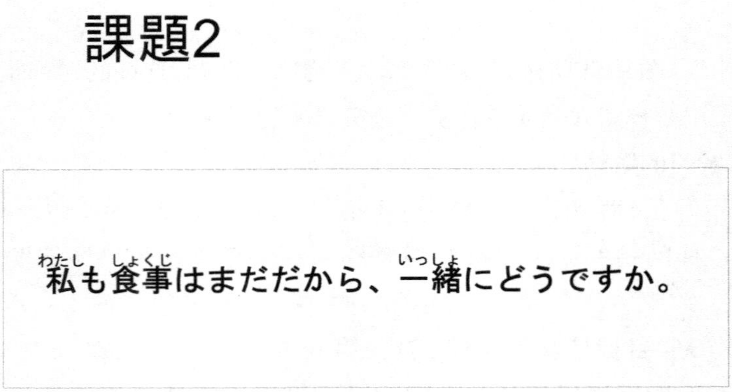

課題2

私も食事はまだだから、一緒にどうですか。

図 3 - 18　【NNS_CC】收录语音的电脑提示画面

3.3.1.4　标注方案

　　【NNS_CC】采用了 I - JToBI 标注方案，使用 Praat（Ver. 6. 3. 03）进行标注。如表 3 - 11、图 3 - 19、图 3 - 20 所示，标注第一层为 material 层或 sentence 层，标注信息为单词或句子，以假名形式标注。第二层为 word 层，标注信息为元音或辅音，以音段形式标注。第三层为 Tone，标注信息为音高及其变化，以％L，H－，H* ＋L，L％，H％等形式标注。第四层为 BI 层，标注信息为句子的韵律边界强度，以 1，2，3 形式标注，其中单词（word）间标为 1，音高重音短语（Accent Phrase，AP）间标为 2，语调短语（Intonation Phrase，IP）间标为 3。最后第五层为 Miscellaneous 备注层，标注信息为发音人的中介语特征，以元音脱落、句末语调等日语文字形式标注。具体标注方案如表 3 - 11 所示。

表 3 - 11　【NNS_CC】的 I - JToBI 标注方案

语料类型	层级名称	标注信息	标签示例（部分）
单词朗读 短句朗读	material	语料（单词或句子）	假名形式
	word	元音或辅音	音段形式
	tone	音高	％L，H－，H* ＋L，L％，H％
	BI	韵律边界强度	1，2，3
	Miscellaneous	备注（中介语特征等）	元音脱落，句末语调等

（续表）

语料类型	层级名称	标注信息	标签示例（部分）
语篇朗读 自然口语 演讲	sentence	句子	假名形式
	word	元音或辅音	音段形式
	tone	音高	％L，H−，H* +L，L％，H％
	BI	韵律边界强度	0，1，2，3
	Miscellaneous	备注（中介语特征等）	元音脱落，句末语调等

图3-19 与图 3-20 为标注案例。其中，图 3-19 是短句「昨日の試験は難しかったです」的标注，标注层分为 5 层（语料层、音段层、音高层、韵律层、备注层）。值得注意的是，框中的语图对应着备注层中的促音问题。研究者可以直观地观察语音现象，亦可以提取相关参数开展研究。图 3-20 是快速语流中的清浊塞音问题。由此可见，中介语特征包括音段及超音段问题。

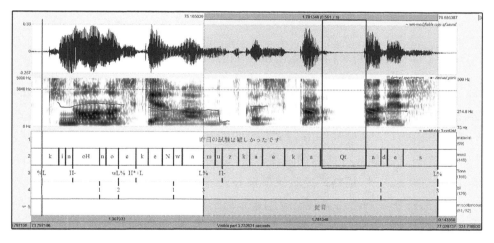

图 3-19 【NNS_CC】的标注例 1

语料库使用者可利用已有标注，直接读取 TextGrid 文件，获取 I-JToBI 五层语音参数信息。使用者也可根据各自的个性化研究课题，对语音数据进行二次标注，以获得更为细致且适切的语音参数信息。

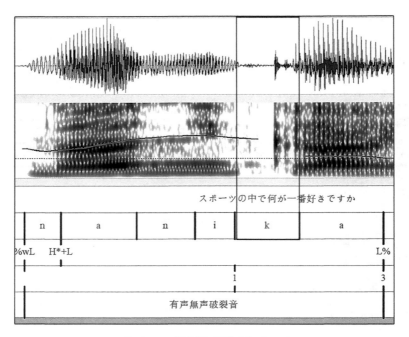

图 3-20 【NNS_CC】的标注例 2

3.3.2 【专项横向库—不同方言者的声调语料库】(NNS_SC_Accent)的介绍

该语料库共收录了中级日语学习者的 2 430 个朗读语音数据及相对应的标注数据。3 组发音人分别为 18 名北京北方方言者(NNSM),21 名上海吴方言者(NNSW),15 名台湾闽方言者(NNST),共 54 名。本语料库收录语料包括 1 620 个日语起伏式声调单词朗读语音,810 个平板式声调单词朗读语音,共 2 430 个。除此之外,语料库还收录了发音人的属性信息(年龄、性别、语言学习经历)及语音学习动机与策略问卷结果,日语母语者的语音评价结果。本节将详细介绍【NNS_SC_Accent】的语音语料、参与者、收录步骤及标注方案。

3.3.2.1 语料

本语料库收录的语料分为 15 个平板型单词和 30 个起伏式单词。30 个起伏式单词中,10 个-2 中高型声调单词,15 个-3 中高型声调单词及 5 个-3 头高型声调单词。另外,基于日语黏着语特征,本语料库选用的语料为动词,且收录了动词原形、未然形及连用形的声调语音,以期为调查日语黏着语的声调变化特征提供数据,具体如表 3-12 所示。

表 3-12　不同方言者的声调语料库【NNS_SC_Accent】的语料

	平板型单词	起伏式单词	
动词原形	譲る（ゆずる）	払う（はら\う）	群れる（むれ\る）
	登る（のぼる）	迷う（まよ\う）	恥じる（はじ\る）
	拾う（ひろう）	守る（まも\る）	述べる（のべ\る）
	回る（まわる）	奪う（うば\う）	降りる（おり\る）
	狙う（ねらう）	習う（なら\う）	褒める（ほめ\る）
动词未然形	譲らない（ゆずらない）	払わない（はらわ\ない）	群れない（むれ\ない）
	登らない（のぼらない）	迷わない（まよわ\ない）	恥じない（はじ\ない）
	拾わない（ひろわない）	守らない（まもら\ない）	述べない（のべ\ない）
	回らない（まわらない）	奪わない（うばわ\ない）	降りない（おり\ない）
	狙わない（ねらわない）	習わない（ならわ\ない）	褒めない（ほめ\ない）
动词连用形	譲って（ゆずって）	払って（はら\って）	群れて（む\れて）
	登って（のぼって）	迷って（まよ\って）	恥じて（は\じて）
	拾って（ひろって）	守って（まも\って）	述べて（の\べて）
	回って（まわって）	奪って（うば\って）	降りて（おり\て）
	狙って（ねらって）	習って（なら\って）	褒めて（ほ\めて）

3.3.2.2　参与者

（1）发音人

首先，本研究选择了北京、上海、台湾三地 7 所大学的日语专业本科学生为发音人，其中北京 3 所，上海 2 所，台湾 2 所。发音人包括 18 名北京北方方言者，21 名上海吴方言者，15 名台湾闽方言者，共计 54 名（详见表 3-13）。发音人的日语学习时长均为 2 年，相当于中级水平。研究者考虑到中国方言对日语词调习得影响的可能性，本语料库在处理数据时，将北京北方方言者（NNSM）、上海吴方言者（NNSW）、台湾闽方言者（NNST）的数据分别标注归档。

表 3 - 13 【NNS_SC_Accent】发音人的属性信息

参与者	年龄	性别	方言	外语接触经历 1	外语接触经历 2	在日时间
NNSM_Accent_01	20	female	Putonghua	English	Japanese	10 months
NNSM_Accent_02	21	female	Putonghua	English	Japanese	0 month
NNSM_Accent_03	19	female	Putonghua	English	Japanese	0 month
NNSM_Accent_04	19	female	Putonghua	English	Japanese	0 month
NNSM_Accent_05	20	female	Putonghua	English	Japanese	0 month
NNSM_Accent_06	19	female	Putonghua	English	Japanese	0 month
NNSM_Accent_07	20	female	Putonghua	English	Japanese	0 month
NNSM_Accent_08	21	female	Putonghua	English	Japanese	0 month
NNSM_Accent_09	18	female	Putonghua	English	Japanese	0 month
NNSM_Accent_10	20	female	Putonghua	English	Japanese	0 month
NNSM_Accent_11	20	female	Putonghua	English	Japanese	0 month
NNSM_Accent_12	21	female	Putonghua	English	Japanese	0 month
NNSM_Accent_13	20	female	Putonghua	English	Japanese	0 month
NNSM_Accent_14	19	female	Putonghua	English	Japanese	0 month
NNSM_Accent_15	20	female	Putonghua	English	Japanese	0 month
NNSM_Accent_16	19	female	Putonghua	English	Japanese	0 month
NNSM_Accent_17	20	female	Putonghua	English	Japanese	0 month
NNSM_Accent_18	19	female	Putonghua	English	Japanese	0 month
NNSW_Accent_01	20	female	Wu	English	Japanese	0 month
NNSW_Accent_02	21	female	Wu	English	Japanese	0 month
NNSW_Accent_03	21	female	Wu	English	Japanese	0 month
NNSW_Accent_04	21	female	Wu	English	Japanese	0 month
NNSW_Accent_05	20	male	Wu	English	Japanese	0 month
NNSW_Accent_06	21	female	Wu	English	Japanese	0 month
NNSW_Accent_07	20	female	Wu	English	Japanese	0 month
NNSW_Accent_08	20	female	Wu	English	Japanese	0 month
NNSW_Accent_09	20	female	Wu	English	Japanese	0 month

（续表）

参与者	年龄	性别	方言	外语接触经历 1	外语接触经历 2	在日时间
NNSW_Accent_10	20	male	Wu	English	Japanese	0 month
NNSW_Accent_11	21	male	Wu	English	Japanese	0 month
NNSW_Accent_12	21	female	Wu	English	Japanese	0 month
NNSW_Accent_13	21	male	Wu	English	Japanese	0 month
NNSW_Accent_14	20	male	Wu	English	Japanese	0 month
NNSW_Accent_15	20	female	Wu	English	Japanese	0 month
NNSW_Accent_16	21	female	Wu	English	Japanese	0 month
NNSW_Accent_17	20	female	Wu	English	Japanese	0 month
NNSW_Accent_18	20	female	Wu	English	Japanese	0 month
NNSW_Accent_19	20	female	Wu	English	Japanese	0 month
NNSW_Accent_20	21	female	Wu	English	Japanese	0 month
NNSW_Accent_21	20	female	Wu	English	Japanese	0 month
NNST_Accent_01	25	female	Min		Japanese	12 months
NNST_Accent_02	21	female	Min	English	Japanese	5 months
NNST_Accent_03	21	male	Min		Japanese	1 month
NNST_Accent_04	21	male	Min	English	Japanese	0 month
NNST_Accent_05	21	female	Min		Japanese	7 months
NNST_Accent_06	21	female	Min	English	Japanese	0 month
NNST_Accent_07	21	female	Min		Japanese	0 month
NNST_Accent_08	23	female	Min	English	Japanese	0 month
NNST_Accent_09	29	female	Min	English	Japanese	12 months
NNST_Accent_10	19	female	Min		Japanese	1 month
NNST_Accent_11	22	female	Min		Japanese	6 months
NNST_Accent_12	19	female	Min	English	Japanese	0 month
NNST_Accent_13	24	female	Min	English	Japanese	0 month
NNST_Accent_14	19	female	Min	English	Japanese	12 months
NNST_Accent_15	18	female	Min		Japanese	2 months

（2）语音评价人

语音数据采集结束后,研究者委托日语母语者对学习者的日语发音进行了语音评价。本语料库的语音评价基准参照了刘佳琦（2012）与户田贵子、刘佳琦（2016）的研究。研究者邀请了 5 名日语母语评价者,针对所收录的语音资料进行了语音评价。评价者的年龄分布为20至30岁1名,31至40岁2名,41至50岁2名,均为女性（详见表3－14）。由于考虑到评价者的背景经历可能会对评价结果造成影响,因此在选择评价者时做了以下规定:评价者须具有外语学习经历、1年以上日语教学经历,并且具备一定的语音学基础知识。

表3－14 【NNS_SC_Accent】语音评价人的信息

语音评价人	性别	年龄	日语教学经历
A	女性	20 至 30 岁	3 年
B	女性	31 至 40 岁	1 年
C	女性	31 至 40 岁	2 年
D	女性	41 至 50 岁	10 年
E	女性	41 至 50 岁	8 年

3.3.2.3 收录步骤

（1）语音收录步骤

首先,研究者使用 Power Point 将语料制成幻灯片（见图3－21）,并随机排序。然后,让发音人坐向电脑,朗读屏幕上显示的语料,进行连续 3 次发音,由研究者录音。发音人按照自己的朗读速度,按动鼠标更换幻灯片。实验时间为10 分钟,为减少发音人的疲劳,间隔了休息时间。研究者使用了 SONY PCM－D1 数码录音机,SONY ECM－MS957 高音质话筒进行录音,事后使用了软件CoolEdit（Ver. Pro 2.0）编辑语音数据。

图3－21 【NNS_SC_Accent】语料幻灯片

（2）语音评价方法

语音实验结束后，研究者使用 CoolEdit（Ver. Pro 2.0)对语音数据进行编辑，将学习者的第 2 次发音数据抽取出，进行再编辑，分发给 5 位评价人，用于语音评价。语音评价人对学习者日语声调的自然度进行李克特量表法评价，并记录了声调的下降位置。每位评价者所需评价时间大约为 5 小时，评价工作分数日完成。每个音频文件可听 1 遍，评价时间为 2 秒。

关于如何制定学习者的语音评价基准，研究团队做了以下探讨。日语学习者的发音习得程度各不相同。有的学习者的发音中母语迁移现象严重，以至于影响语义的表达；而有的则已经基本达到母语者发音水平。那么，我们是否还必须以母语者为参照基准呢？刘振前（2003)在探讨二语习得研究的局限性时，就曾指出"语音方面，谁来评判语音是否准确，以什么作为评价标准都值得探讨"。在考虑语音评价基准时，有必要重新审视日语发音教学的最终目标。作者在从事日语发音教学时，始终将能达到语言交流目的为最终教学目标。户田贵子（2006)提出语言发音教学应该更加重视语言的交际功能，而非一味地模仿母语者的发音。那么"发音准确与否"能否成为评价基准呢？如果将发音的准确性作为评价标准的话，得到的评价结果也许会有所不同。但是学习者的发音情况非常复杂，其中可能会涉及学习者的母语、母方言、性别、年龄等诸多因素。因此事实上，想要定义所谓的准确发音极其困难。另外"发音准确"和"发音不准确"的二选一式评价基准也很可能造成评价者之间的基准差异。因此研究者将对"发音自然"的同意度作为评价基准，采用李克特量表法，要求评价者在 1 不同意、2 有点不同意、3 有点同意、4 同意这 4 个选项中进行选择。

在语音评价工作开始前，研究者对语音评价人进行了以下培训。首先是语音评价表的说明（见表 3 - 15)。评价表中的数字表示对"声调是自然的"的同意程度：1 不同意，2 有点不同意（虽然不是非常不自然，但还是有些介意)，3 有点同意（虽然不太完美，但问题不大)，4 同意。其次，评价人需要在声调核一栏中记录学习者的声调下降位置，×表示无声调核（无明显声调下降)。如果评价人无法做出语音评价，需要在备注栏说明原因。再次，研究者向评价人说明了语音评价的注意点：①学习者的发音可能存在各种表征，评价人须关注发音人的声调进行评价；②关于声调核的记录，评价人须参加培训，学习记录方法，③原则上评价人只能听一遍录音，评价时间为 2 秒。

表 3－15 【NNS_SC_Accent】语音评价表范例

番号	調査語	アクセントの評価欄				アクセント核の位置
1	回る（まわる）	1	2	3	4	ま　わ　る　×
コメント						

（3）参与者的学习动机及策略问卷

为了弄清学习者的发音学习动机与策略，本语料库在搜集语音数据的同时，也请参与者填写了问卷（详见附录 2）。问卷内容与【综合横向库—中级学习者日语朗读与自然口语语料库】（NNS_CC）一致。

3.3.2.4 标注方案

【NNS_SC_Accent】采用了 I－JToBI 标注方案，使用 Praat(Ver. 6.3.03)进行标注。第一层为 material 层，标注信息为单词，以假名形式标注。第二层为 word 层，标注信息为元音或辅音，以音段形式标注。第三层为 Tone，标注信息为音高及其变化，以％L，H－，H* ＋L，L％，H％等形式标注。第四层为 Miscellaneous 备注层，标注信息为发音人的中介语声调特征。由于本语料库的语料均为单词，不存在复杂的句子韵律关系，因此省略了 BI 层。具体标注方案如表 3－16 所示。

表 3－16 【NNS_SC_Accent】的 I－JToBI 标注方案

语料类型	层级名称	标注信息	标签示例（部分）
单词朗读	material	语料（单词或句子）	假名形式
	word	元音或辅音	音段形式
	Tone	音高	％L，H－，H* ＋L，L％，H％
	Miscellaneous	备注	中介语声调特征等

图 3－22 为「ひろわない」的标注案例。标注层分为 4 层（语料层、音段层、音高层、备注层）。值得注意的是，框中的语图对应着 Tone 层，既有听感声调核标签"H* ＋L"，又有实际声调曲线下降位置的标签"＜"。研究者可以直观地观察声调音高曲线的高低及变化趋势、亦可以提取相关参数开展研究。

语料库使用者可利用已有标注，直接读取 TextGrid 文件，获取 I－JToBI

四层语音参数信息。使用者也可根据各自的个性化研究课题,对语音数据进行二次标注,以获得更为细致且适切的语音参数信息。

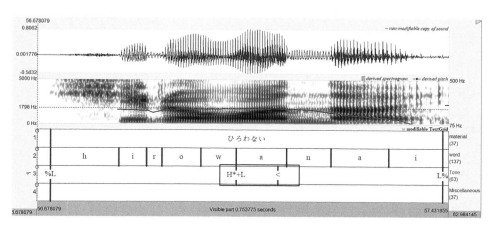

图 3-22　【NNS_SC_Accent】的标注例

3.3.3　【专项横向库—不同方言者的特殊拍(促音拍)语料库】(NNS_SC_Rhythm)的介绍

该语料库共收录了 3 组中级日语学习者的 1080 个朗读语音数据及相对应的标注数据。3 组发音人分别为北京北方方言者(NNSM)18 名,上海吴方言者(NNSW)21 名,台湾闽方言者(NNST)15 名,共 54 名。本语料库的参与者与【NNS_SC_Accent】相同。本语料库收录语料为日语含促音单词朗读语音 540 个,不含促音单词朗读语音 540 个,共 1080 个语音数据。除此之外,语料库还收录了发音人的属性信息(年龄、性别、语言学习经历)及语音学习动机与策略问卷结果,日语母语者的语音评价结果。本节将介绍【NNS_SC_ Rhythm】的语音语料、参与者、收录步骤及标注方案。

3.3.3.1　语料

本语料库以日语教学初级阶段频繁出现的动词「テ形」朗读材料为语料,收录了包含促音单词 10 个,不包含促音单词 10 个,音高重音统一为起伏式。具体如表 3-17 所示。

表 3－17 【NNS_SC_ Rhythm】的朗读语料

含促音单词		不含促音单词	
名乗って（なの\って）	迷って（まよ\って）	生えて（は\えて）	群れて（む\れて）
怒鳴って（どな\って）	奪って（うば\って）	撫でて（な\でて）	跳ねて（は\ねて）
守って（まも\って）	破って（やぶ\って）	述べて（の\べて）	恥じて（は\じて）
粘って（ねば\って）	払って（はら\って）	降りて（お\りて）	舐めて（な\めて）
習って（なら\って）	戻って（もど\って）	褒めて（ほ\めて）	茹でて（ゆ\でて）

3.3.3.2 参与者

本语料库与【NNS_SC_Accent】共享了发音人与评价人。

3.3.3.3 收录步骤

（1）语音收录步骤

首先，研究者使用 Power Point 将语料制成幻灯片（见图 3－23），并随机排序。然后，让发音人坐向电脑，朗读屏幕上显示的语料，连续朗读 3 次，由研究者录音。发音人按照自己的朗读速度，按动鼠标更换幻灯片。实验时间为 5 分钟，为减少发音人的疲劳，间隔了休息时间。研究者使用了 SONY PCM－D1 数码录音机，SONY ECM－MS957 高音质话筒进行录音，事后使用了软件 CoolEdit(Ver. Pro 2.0)编辑语音数据。

图 3－23 【NNS_SC_ Rhythm】语料幻灯片

（2）语音评价方法

语音实验结束后，研究者使用 CoolEdit(Ver. Pro 2.0)对语音数据进行编辑，将学习者的第 2 次朗读数据抽取出，进行再编辑，分发给 5 位评价人，用于语音评价。语音评价人对学习者日语节奏的自然度进行李克特量表法评价。每位评价者所需评价时间大约为 5 小时，评价工作分数日完成。每个音频文件可听 1 遍，评价时间为 2 秒。

学习者的语音评价基准与【NNS_SC_Accent】一致。本研究将评价人对"节奏自然"的同意度作为评价基准。本研究要求评价者在 1 不同意、2 有点不同意、3 有点同意、4 同意这 4 个选项中进行选择。

与【NNS_SC_Accent】的评价工作一样，在语音评价工作开始前，研究人员对语音评价人进行了以下培训。首先是语音评价表的说明（见表 3 - 18）。评价表中的数字表示对"节奏是自然的"的同意程度：1 不同意，2 有点不同意（虽然不是非常不自然，但还是有些介意），3 有点同意（虽然不太完美，但问题不大），4 同意。如果评价人无法做出语音评价，需要在备注栏说明原因。其次，研究人员向评价人说明了语音评价的注意点：①学习者的发音可能存在各种表征，评价人须关注发音人的节奏（尤其是促音节拍）进行评价；②关于节奏的认知，评价人须参加培训；③原则上评价人只能听一遍录音，评价时间为 2 秒。

表 3 - 18　【NNS_SC_ Rhythm】语音评价表范例

番号	調査語	リズムの評価欄			
1 コメント	生えて（はえて）	1	2	3	4

（3）参与者的学习动机及策略问卷

为了弄清学习者的发音学习动机与策略，本语料库在搜集语音数据的同时，也请参与者填写了问卷（详见附录 2）。问卷内容与本章【综合横向库：中级学习者日语朗读与自然口语语料库】（NNS_CC）一致。

3.3.3.4　标注方案

【NNS_SC_Rhythm】采用了 I-JToBI 标注方案，使用 Praat（Ver. 6.3.03）进行标注。第一层为 material 层，标注信息为单词，以假名形式标注。第二层为 word 层，标注信息为元音或辅音，以音段形式标注。第三层为 Tone，标注信息为音高及其变化，以％L，H—，H*＋L，L％，H％等形式标注。第四层为 Miscellaneous 备注层，标注信息为发音人的中介语特征。由于本语料库的语料均为单词，不存在复杂的句子韵律关系，因此省略了 BI 层。具体标注方案如表 3 - 19 所示。

表 3-19 【NNS_SC_ Rhythm】的 I-JToBI 标注方案

语料类型	层级名称	标注信息	标签示例(部分)
单词朗读	material	语料(单词或句子)	假名形式
	word	元音或辅音	音段形式
	Tone	音高	%L, H−, H* +L, L%, H%
	Miscellaneous	备注	中介语特征等

　　图 3-24 与图 3-25 分别为「おりて」与「のぼって」的标注案例。标注层分为 4 层(语料层、音段层、音高层、备注层)。值得注意的是,日语的特殊拍促音拍一般出现在塞音、擦音或塞擦音之前,语图中促音段与塞音持阻段或擦音摩擦段无法区分,因此标注时将两者归入同一个 Boundary。研究者可以直观地观察图 3-24 中"t"的时长(框)、图 3-25 中"Qt"的时长(框),亦可以提取相关参数,对数据进行标准化处理后,再开展研究。另外,图 3-24 和图 3-25 中还分别标注了中介语的发音特征,图 3-24 为音高重音特征,图 3-25 为音高重音特征和促音特征。

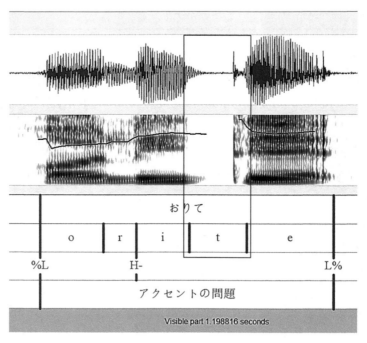

图 3-24 【NNS_SC_ Rhythm】的标注例 1(不含促音)

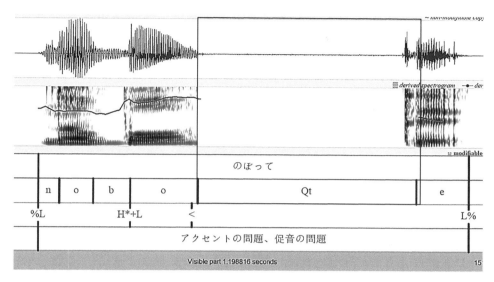

图 3-25　【NNS_SC_ Rhythm】的标注例 2(含促音)

语料库使用者可利用已有标注,直接读取 TextGrid 文件,获取 I-JToBI 四层语音参数信息。使用者更可根据各自的个性化研究课题,对语音数据进行二次标注,以获得更为细致且适切的语音参数信息。

3.4　语料库子库—纵向中介语语音语料库

本书研究的纵向语料库包含【综合纵向库—初级学习者纵向朗读语料库】与【专项纵向库—多语者的日语塞音纵向语料库】,纵向语料库有利于探究学习者的日语语音习得动态发展路径。其中【综合纵向库—初级学习者纵向朗读语料库】(Comprehensive Longitudinal Corpus of Non-native Speaker's Japanese,简称 NNS_CL),收录了初级日语学习者,追踪历时 1 年的日语语篇朗读语音。语料内容包含音段与超音段中介语语音数据,适合于大规模系统性的日语语音习得研究。【专项纵向库—多语者的日语塞音纵向语料库】(Specific Longitudinal Corpus of Non-native Speaker's Japanese Stop Contrasts,简称 NNS_SL_Stop),收录了中国学习者习得难度较大的清浊塞音纵向数据,更适合于语音专项模块习得路径研究。

3.4.1 【综合纵向库—初级学习者纵向朗读语料库】(NNS_CL)的介绍

【综合纵向库—初级学习者纵向朗读语料库】(NNS_CL),收录了初级日语学习者历时 1 年的日语语篇朗读语料 139 篇。语料内容包含句子 1755 个、语块 9224 个,语素 25301 个中介语语音数据,适合于语篇朗读流利度等大规模系统性日语语音习得研究。本节将介绍【NNS_CL】的语音语料、参与者、收录步骤及标注方案。

3.4.1.1 语料

【综合纵向库—初级学习者纵向朗读语料库】(NNS_CL)选取了初中级语篇朗读素材 20 篇(详见附录 3)。朗读语篇的难易度与可读性指标如表 3-20 所示。语篇难度随学习时间增长而逐步提升。表 3-20 中可读性(readability)的数值越大说明文章难度越低,相反数值越小说明文章难度越高(李在鎬、柴崎秀子,2012)。【日本語文章難易度判別システム】通过分析输入文章的语素、句子平均长度及动词(或助词)的比率进行计算得到该可读性指标(李在鎬等,2009)。

表 3-20 【NNS_CL】收录的语篇语料明细

语篇编号	语篇数	句子切分数	语块切分数	语素数	语篇难度	可读性
NNS_CL_T01	9 篇	10 句/篇	32 个/篇	82 个/篇	初级上	6.74
NNS_CL_T02	9 篇	25 句/篇	85 个/篇	225 个/篇	初级下	5.37
NNS_CL_T03	9 篇	14 句/篇	67 个/篇	178 个/篇	初级下	5.48
NNS_CL_T04	9 篇	11 句/篇	57 个/篇	159 个/篇	中级上	4.29
NNS_CL_T05	9 篇	12 句/篇	72 个/篇	185 个/篇	中级上	3.98
NNS_CL_T06	9 篇	11 句/篇	74 个/篇	207 个/篇	中级上	4.18
NNS_CL_T07	9 篇	12 句/篇	67 个/篇	192 个/篇	初级下	5.04
NNS_CL_T08	9 篇	10 句/篇	71 个/篇	205 个/篇	中级下	3.35
NNS_CL_T09	9 篇	8 句/篇	46 个/篇	126 个/篇	初级下	4.51
NNS_CL_T10	8 篇	11 句/篇	76 个/篇	212 个/篇	中级下	3.48
NNS_CL_T11	5 篇	7 句/篇	62 个/篇	177 个/篇	中级上	4.11
NNS_CL_T12	6 篇	10 句/篇	67 个/篇	190 个/篇	中级上	4.4

（续表）

语篇编号	语篇数	句子切分数	语块切分数	语素数	语篇难度	可读性
NNS_CL_T13	5 篇	13 句/篇	88 个/篇	248 个/篇	中级上	3.72
NNS_CL_T14	4 篇	6 句/篇	39 个/篇	120 个/篇	中级上	4.21
NNS_CL_T15	5 篇	8 句/篇	61 个/篇	181 个/篇	中级上	3.1
NNS_CL_T16	5 篇	14 句/篇	66 个/篇	189 个/篇	初级下	5.16
NNS_CL_T17	4 篇	9 句/篇	65 个/篇	183 个/篇	中级上	3.58
NNS_CL_T18	5 篇	10 句/篇	94 个/篇	270 个/篇	中级下	3.17
NNS_CL_T19	6 篇	7 句/篇	64 个/篇	194 个/篇	中级下	2.68
NNS_CL_T20	5 篇	10 句/篇	84 个/篇	233 个/篇	中级下	2.99

依据【日本語文章難易度判別システム】（https://jreadability.net/sys/ja）（李在鎬等，2009）所计算的指标，语篇难易度分为以下六个层级（见表 3-21）。

表 3-21　朗读素材的难易度指标

难易度指标	可读性指标	难易度描述
初级上	5.5—6.4	能理解以单句为主的基础表达，不能理解复句或连体修饰等复杂的句法构式。
初级下	4.5—5.4	能理解基础词汇及语法。能理解テ形等基础句型。
中级上	3.5—4.4	能理解较简单的文章内容。能把握一定容量的语篇内容。
中级下	2.5—3.4	能理解较专业的大致文章内容。能轻松理解与日常生活相关的任意语篇内容。
高级上	1.5—2.4	能基本理解专业文章内容。能理解文学作品语篇等复杂结构。
高级下	0.5—1.4	能理解高级专业文章内容。轻松理解任意类型的语篇内容。

3.4.1.2　参与者

【综合纵向库—初级学习者纵向朗读语料库】（NNS_CL）的参与者为国内大学日语本科专业学生 11 名（详见表 3-22）。参与者的年龄、性别、出生地区以及综合日语成绩如表 3-22 所示。参与者的年龄分布在 18 至 20 岁，女性

9 位,男性 2 位。其中 NNS_CL_03、NNS_CL_04、NNS_CL_06、NNS_CL_10、NNS_CL_11 五位参与者由于专业变更原因,未能全程持续参加语料收集工作。

表 3‐22 【NNS_CL】参与者详情

参与者编号	年龄	性别	出生地区	语篇数量	综合日语成绩			
					第一次	第二次	第三次	第四次
NNS_CL_01	19	女	湖北武汉	20 篇	97.9	95.5	98	98
NNS_CL_02	18	女	上海	18 篇	93.7	83.5	96	86
NNS_CL_03	20	女	湖北武汉	10 篇	85.6	81		
NNS_CL_04	18	女	浙江温州	10 篇	85.8	85.6		
NNS_CL_05	18	女	四川江邮	20 篇	86.7	77.2	92	80
NNS_CL_06	19	女	重庆	10 篇	90.6	85		
NNS_CL_07	19	女	江苏南京	9 篇	74.1	58	85	67
NNS_CL_08	18	女	湖北武汉	18 篇	77.2	67	95	80
NNS_CL_09	18	男	上海	20 篇	88.3	89.5	92	85
NNS_CL_10	19	女	浙江杭州	3 篇	96.9	94	100	94
NNS_CL_11	20	男	浙江嘉兴	1 篇	96.9	96.5	96	95

3.4.1.3 收录步骤

【NNS_CL】语料库的收录在 2021 年至 2022 年间进行。由于新冠疫情原因导致无法面对面采集语音数据,因此我们采用了 Zhang et al.(2021)的方法,将学生各自的手机收录的朗读语音进行后期处理的方式获得了语料库语音。Zhang et al.(2021)的研究结果证明,在安静环境下智能手机与实验室专业录音设备所收录的语音,在时长和音高数据上不存在显著差异。但值得注意的是,在元音共振峰数据上可能存在差异。因此本语料库的语音采集采用了智能手机录音方式。实验人员使用 Adobe Audition CC(2019)对语音进行了降噪和响度归一化处理,并使用 Praat 对语料进行了标注。

3.4.1.4 标注方案

【NNS_CL】语料库由研究人员手动对所有语料进行了两个层级标注:短句信息(sent)、单词信息(word)。如图 3‐26 所示,第一层为短句层「それぞれのセクションには五つの大きな問題があります。」,第二层为语块层,其中还包含＜pz＞(停顿)、＜r＞(重复)等标记。

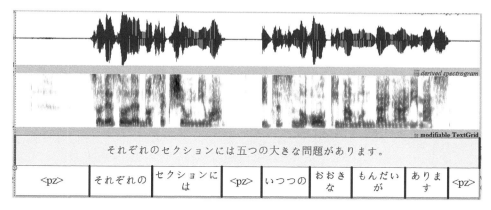

それぞれのセクションには五つの大きな問題があります。

| ＜pz＞ | それぞれの | セクションには | ＜pz＞ | いっつの | おおきな | もんだいが | ありますす | ＜pz＞ |

图 3－26　【NNS_CL】的标注例

语料库使用者可利用已有标注,直接读取 TextGrid 文件,获取两层语音的时长、音高参数信息以及停顿或重复出现的频率、幅度及位置等,开展相应的研究。使用者也可根据各自的个性化研究课题,对语音数据进行二次标注,以获得更为细致且适切的语音参数信息。

3.4.2　【专项纵向库—多语者的日语塞音纵向语料库】(NNS_SL_Stop)的介绍

该语料库共收录了 4 名日语母语者的 504 个语音数据,20 名初级日语学习者的 2 280 个语音数据,共计 2 784 个语音数据以及相对应的标注数据。学习者语音数据包括 840 个日语语音,180 个英语语音,120 个汉语普通话语音。本节将详细介绍【NNS_SL_Stop】的语音语料、参与者、收录步骤及标注方案。

3.4.2.1　语料

本语料库收录的语料为 42 个日语、9 个英语、6 个汉语(普通话)单词。日语语料分别位于单词的词首和词中位置。语料包含有意义词和无意义词。其中无意义词又包含单音节和双音节词,有意义词包含双音节词与三音节词。以下表 3－23 为日语塞音纵向语料库【NNS_SL_Stop】的日语语料。

表 3－24 为日语塞音纵向语料库【NNS_SL_Stop】的英语语料,语料皆为单音节,分别位于词首与词中位置。表 3－25 为日语塞音纵向语料库【NNS_

SL_Stop)收录的汉语（普通话）语料，语料均位于词首位置。

表3－23　多语者的日语塞音纵向语料库【NNS_SL_Stop】的日语语料

无意义词	单音节		ぱ[pʰa] か[kʰa] た[tʰa]	ば[ba] が[ga] だ[da]
	双音节	词首	ぱ[pʰa]さ か[kʰa]さ た[tʰa]さ	ば[ba]さ が[ga]さ だ[da]さ
		词中	あぱ[pa] あか[ka] あた[ta]	あば[ba] あが[ga] あだ[da]
有意义词	双音节	词首	ぱ[pʰa]んく（パンク）255 か[kʰa]ゆ（粥）611 た[tʰa]る（樽）460	ば[ba]いか（倍加）14 が[ga]た（つく）79 だ[da]いか（代価）129
		词中	とっぱ[pa]（突破）425 ちか[ka]（地価）887 つた[ta]（蔦）200	やば[ba]ん（野蛮）476 いが[ga]（毬）41 そだ[da]（粗朶）11
	三音节	词首	ぱ[pʰa]てんと（パテント）44 か[kʰa]すみ（霞）448 タ[tʰa]スキ（襷）226	ば[ba]うんど（バウンド）92 が[ga]くし（学資）127 だ[da]けつ（妥結）63
		词中	あっぱ[pa]く（圧迫）581 いか[ka]く（威嚇）212 こた[ta]つ（炬燵）437	はば[ba]つ（派閥）470 いが[ga]た（鋳型）142 よだ[da]れ（涎）238

* 数字表示词频，NINJAL－LWP for BCCWJ 中出现频次。

* 承载句：これは_____。

表3－24　多语者的日语塞音纵向语料库【NNS_SL_Stop】的英语语料

单音节	词首	park，cart，Tark bark，garden，dark
	词中	spa，scarf，star

* 承载句：This is _____.

表3－25　多语者的日语塞音纵向语料库【NNS_SL_Stop】的汉语（普通话）语料

单音节	词首	八，趴，尬，咖，搭，他

* 承载句：我读_____三遍。

3.4.2.2 参与者

本语料库参与者是以汉语普通话为母语的日语学习者 20 名,年龄分布在 18 至 20 岁。参与者拥有健全的听感和发音能力。参与者为中国的大学日语专业本科生,数据采集时间是学习日语约 2 个月(第一阶段),学习日语约 1 年(第二阶段),这期间他们没有接受过专门的发音指导。参与者出生生长于中国北方或西北方地区,以北方方言为母方言,家庭语言为北方方言。中国北方方言与汉语普通话的塞音体系一致。实验参与者都是进入大学后才开始学习日语,在初级教育阶段接受了 10 年以上的英语教育。

表 3-26 展示了【NNS_SL_Stop】日语学习者的属性信息。如表 3-26 所示,本语料库共收录了 20 名日语学习者的语音数据。其中男性 5 名,女性 15 名。参与者出生生长于中国北方或西北方地区,以北方方言为母方言,家庭语言为普通话或北方方言。第一次录音时的日语学习时间为 1—2 个月,有个别参与者为 4—5 个月。大部分参与者表示学习英语的时间大约为 10 年左右。参与者皆无在日本生活经历。

表 3-26 【NNS_SL_Stop】日语学习者的属性信息

编号	性别	年龄	主要生活地（居住年龄）	家族使用语言或方言	日语学习时长	英语学习时长	在日本生活经历
NNS_STOP_01	女	17	河北保定(0—18)	曲阳方言	1 个月	10 年	无
NNS_STOP_02	女	18	天津(1—18)	普通话	1 个月	12 年	无
NNS_STOP_03	男	18	吉林长春(1—18)	东北话	4 个月	12 年 10 个月	无
NNS_STOP_04	女	18	陕西西安(0—18)	陕西话、普通话	3 个月	10 年	无
NNS_STOP_05	女	18	山西晋城	晋城话	2 个月	10 年	无
NNS_STOP_06	男	19	河北保定(0—19)	易县话	1 个月	6 年	无
NNS_STOP_07	女	18	河北邯郸(0—18)	河北话、魏县话	1 个月	10 年	无
NNS_STOP_08	女	18	陕西汉中(0—17)	汉中话	3 个月	9 年	无
NNS_STOP_09	男	18	河南洛阳(0—15)	河南话	1 个月	10 年 1 个月	无
NNS_STOP_10	男	17	安徽宿州(0—16)	灵璧话	1 个月	9 年	无
NNS_STOP_11	女	19	广东广州(0—18)	普通话	3 个月	12 年 1 个月	无

编号	性别	年龄	主要生活地 （居住年龄）	家族使用 语言或方言	日语学 习时长	英语学 习时长	在日本 生活经历
NNS_STOP_12	女	18	重庆（0—18）	重庆话	3个月	9年	无
NNS_STOP_13	女	19	广东（0—18）	普通话	1个月	10年 1个月	无
NNS_STOP_16	女	18	福建厦门（0—17）	普通话	2个月	12年	无
NNS_STOP_17	女	18	河北石家庄（0—17）	普通话	2个月	10年 1个月	无
NNS_STOP_18	女	18	湖北武汉（0—18）	武汉话	5个月	10年 1个月	无
NNS_STOP_19	男	19	河南郑州（1—18）	中原官话	2个月	12年	无
NNS_STOP_20	女	17	湖北武汉（5—17）	普通话	3个月	10年	无
NNS_STOP_21	女	18	江苏淮安（0—13）	江淮话	2个月	10年	无
NNS_STOP_22	女	18	广西桂林（0—18）	桂林话	2个月	13年	无

除此之外，本语料库还采集了4位日语母语者的语音数据。年龄为20至55岁，出生地为日本首都圈内。

3.4.2.3　收录步骤

参与者首先完成了关于母语背景和语言学习经历的问卷，然后参与了日语、英语、汉语（普通话）生成朗读。在收录语料前，研究人员将生成实验语料分别放入相应语言的承载句后，制成幻灯片。在朗读过程中，参与者在安静环境下坐向电脑屏幕，按下鼠标键翻动幻灯片，每张幻灯片显示一个语料。在朗读语料前，参与者需要用相应语言做一遍自我介绍，以确保其启动并进入该语言模式。参与者以正常语速朗读电脑屏幕上随机显示的语料3遍。参与者被允许重新朗读，直到参与者自己满意为止。

本语料库录音分两轮完成。日语学习时间为2个月时，研究人员进行了第一轮实验。10个月后，参与者完成了第二轮生成实验。步骤与第一轮相同。

录音设备为TASCAM DR44WL线性PCM录音器（采样频率44.1 kHz，量子水平16 bit），AKG C544L头戴式麦克风。

3.4.2.4　标注方案

声学语音学与感知语音学领域的研究成果显示，塞音的清浊特性与多种声学参量相关。比如持阻阶段有无带音（voicing lead）、塞音的送气段（aspiration）、持阻时长、能量密度、除阻后第一共振峰的延迟时长及起始频率与转轨。其中，持阻阶段有无带音（voicing lead）与塞音送气段（aspiration）是测量除阻点至声带振动开始点间时间关系一元尺度，也是判断塞音特征的重要参数。学界一般用声学指标 Voice Onset Time（VOT）（Lisker & Abramson 1964）来衡量这个参数。

VOT 由 Lisker and Abramson（1964）首先提出，并被定义为塞音持阻解放至声带振动起始点位置的时间间隔。Lisker and Abramson（1964）规定 VOT 测量方法如下："We have adopted the convention of assigning zero-time to our reference point, the instant of release; thus, measurements of voice onset time before the release are stated as negative numbers and called voicing lead, while measurements of voice onset time after the release are stated as positive numbers and called voicing lag. (p, 389)"。即，通过 VOT 值的正负来表示 voicing lead 的有无，并记录除阻点至声带振动起始点的时间（lag）。Lisker and Abramson（1964）调查了 11 种语言的塞音体系，研究结果证明声学指标 VOT 可以有效描绘各个语言的塞音音位体系（有声或无声、送气或不送气），并进行跨语言语音系统比较，因而具有可普及性。

一般来讲，学界依据 VOT 将塞音体系分为三类。①负 VOT（voicing lead），声带振动先于除阻点，VOT＜－30 ms；②正 VOT，VOT 值较小或为 0（short-lag），声带振动起始点与除阻点几乎同时或稍晚发生，0＜VOT＜＋35 ms；③正 VOT，VOT 值较大（long-lag），声带振动晚于除阻点，VOT＞＋50 ms。Keating（1984）和 Kingston and Diehl（1994）基于以上的塞音类型特征提出，世界语言可以分为有声性语言（voicing language）与送气性语言（aspirating language）（见表3-27）。

表3-27　有声性语言与送气性语言

	塞音音位对立	典型语言
有声性语言	有声性对立： 有声塞音与无声不送气塞音	法语、荷兰语、波兰语、西班牙语、俄语
送气性语言	送气性对立： 无声不送气塞音与无声送气塞音	德语、英语（词首位置）、汉语普通话（词首位置）

有声性语言包含有声塞音[b，d，g](voicing lead plosives)与无声不送气塞音[p，t，k](short-lag plosives)的有声性音位对立系统，如法语、荷兰语、波兰语、西班牙语与俄语等。与之相对的送气性语言则由无声不送气塞音[p，t，k](short-lag plosives)与无声送气塞音[pʰ，tʰ，kʰ](long-lag plosives)构成送气性音位对立系统，如德语、英语(词首位置)、汉语普通话(词首位置)。在世界语言中，有声性音位对立与送气性音位对立呈现平均分布态势(Keating et al.，1983)。

VOT 值可有效捕捉塞音对立的跨语言差异(Lisker & Abramson，1964；Shimizu，1993，Cho & Ladefoged，1999 等)。与此同时，VOT 值也为第二语言塞音习得(Bohn & Flege，1993；福冈，1995；刘，2008 等)与第三语言塞音习得(清水，2012；Wrembel，2014；Wrembel，2015；Llama & López-Morelos，2016；刘，2019；Liu et al.，2019；Liu & Lin，2021 等)研究场景提供了可衡量的重要声学指标。值得注意的是 VOT 值不仅是语音产出维度的重要声学指标，也是人类感知塞音类别的关键声学线索。换言之，VOT 值是观测塞音感知与生成界面关联的桥梁式跨界指标(Flege，2017)。

以上是关于有声无声塞音的声学参量 VOT 值的定义、测量方法、类型特征及变化形式。基于以上先行研究成果，本语料库依据 Lisker and Abramson (1964)的塞音标注方案，由研究人员手动对所有语料进行了四个层级标注：词语信息(wordlist)、音节(s)、噪音起始时间(VOT)、持阻时长(c)。如图 3-27 所示，第一层为单词层「あか」，第二层为音节层「か」[ka]，第三层为清塞音[k]

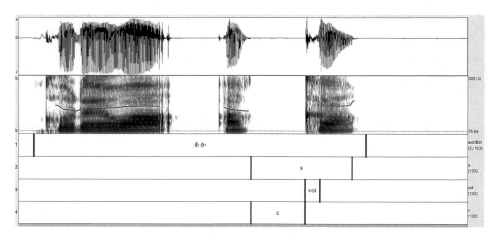

图 3-27 【NNS_SL_Stop】的标注例

嗓音起始时间(VOT),第四层为清塞音[k]的持阻时长。

　　语料库使用者可利用已有标注,直接读取 TextGrid 文件,获取四层语音参数信息。使用者也可根据各自的个性化研究课题,对语音数据进行二次标注,以获得更为细致且适切的语音参数信息。

3.5　中介语语音语料库的应用价值挖掘

　　新一轮信息技术不断涌现,以自然语言处理为基础的数智时代已然来临。新一代人机对话交互系统 ChatGPT 的教学应用(胡加圣,戚亚娟,2023)、数据驱动的语言研究浪潮(殷键,陶李春,冯志伟,2022)、语言智能学科建设的倡导(李佐文,梁国杰,2022),推进了中国外语教育领域的数字化转型与融合创新(祝智庭等,2022)。所有这一切教育信息技术革新的推动力皆来源于数据,而且必然是有规划地采集且经过完整标注的数据,即"有价值的数据"。首先,"有价值的数据"可为检验语言学研究中的各种假说提供可参考的路径和反思的起点。其次,"有价值的数据"更符合语言的概率特质,可使语言学家从鲜活的人类语言使用中发现更具解释力和预测力的语言系统运作规律。再次,"有价值的数据"可助学界理解语言知识的获得、表征和处理,进而探索大脑的工作机理及智能的产生机制。

　　本节将基于本语料库的"有价值数据",着重讨论中介语语音语料库的"守正"与"创新"、应用实例以及未来发展方向。

3.5.1　中介语语音语料库的"守正"与"创新"

　　冯志伟先生在访谈中提到"大外语"的"范式革命"必须以外语研究方法论的创新为前提(殷键,陶李春,冯志伟,2022)。冯志伟先生指出人文学科的传统获取知识方式是利用脑海中的知识体系来描述外部世界与自身的认知。这种基于内省的知识获取方式被称为"第一人称知识",顾名思义往往带有主观性,缺乏客观事实的佐证。当然,人文学者对学科具有专业敏感度,传统的研究方式既是安身立命的基本功,也能萌生新颖的研究命题,此乃"守正"。然而与此同时,外语类人文学者更要学习从语料库或大数据库中获取更客观且全面的知识,充实并拓展原有知识图景,此乃"创新"。因此,"守正"与"创新",攻守并举是外语事业发展的大趋势。

"守正"与"创新"是任何学科高质量发展的基本原则。查明建(2023)提出了"新文科"背景下外语学科的"守正"与"创新"课题,尤其值得借鉴。查明建先生提出"外语＋大数据"等的数智技术革新应以解决外语教学或研究中的实际问题为导向,这才是数字人文研究范式转向的关键所在。这也提醒本研究团队应聚焦于研究中国学生学外语的困难与特殊性,有的放矢地去解决问题,而不是笼统地照搬西方的外语教学理念或方法。鉴于此,本研究始终以中国日语学习者为研究对象,聚焦于习得与教学的难点痛点开展研究,致力于解决中国日语学习者的语音习得问题。本研究团队在对先行研究成果的梳理中发现,日语中介语语音习得研究领域已经取得了一定成果,但仍存在不少课题尚未解决。为解决中国日语学习者中介语语音库的实际问题,本研究做了一些"守正"与"创新"尝试。

本研究在"守正"方面,首先基于中介语语音习得研究框架,将学习者语言表征看作习得过程中的中介特征。研究团队以此为本,对语料库进行了规划及标注。其次,本研究基于前人的研究成果,如鈴木義昭(1984)、坂本恵(2003)的元音,吉田则夫(1990)、朱春躍(1994)的有声/无声塞音,蔡茂豊(1976)、鈴木義昭(1984)的双唇擦音"ふ",李活雄、村島健一郎(2002)的齿龈音/n/和/l/,戸田貴子(2003)、栗原道世(2006)、杨诎人(2006)的节律,蔡全胜(1983,2009)、朱春跃(1993)的音高重音,杨诎人(2009,2010a,2010b)的语调习得研究等的成果,对本语料库的收录语料及参与者进行了综合考量。针对难点语音问题及不同方言人学习者进行了重点规划,以期有的放矢地解决外语学科中的实际问题。

本研究在"创新"方面,通过对中国日语学习者的中介语语音语料库的设计、采样、标注、建库,突破了原有的研究范式,实现了语音数据的多维度分析,从方言差异、习得难易度、普遍性、标记性,语音感知和产出的相关性等多方面发掘隐藏在表层发音现象下的语音习得客观规律。故本研究成果①将推进语言习得研究理论的发展,对"中介语研究理论"进行深层解释;②在探究语音习得本质的基础上,提出行之有效的教学方案。以下是本语料库的概况。

表3-28　中国日语学习者中介语语音语料库的概况

子库名称	收录语料概要
【综合横向库—中级学习者日语朗读与自然口语语料库】(简称 NNS_CC)	收录了13名中级学习者的日语朗读与自然产出语音。语料内容包含音段与超音段中介语语音数据,适合于大规模系统性的日语语音习得研究。

（续表）

子库名称	收录语料概要
【专项横向库—不同方言者的声调语料库】（简称 NNS_SC_Accent）	收录了 54 名不同方言背景学习者的日语声调语音数据，适合于语音专项模块习得研究。
【专项横向库—不同方言者的特殊拍语料库】（简称 NNS_SC_ Rhythm）	收录了 54 名不同方言背景学习者的日语特殊拍语音数据，适合于语音专项模块习得研究。
【综合纵向库—初级学习者纵向朗读语料库】（简称 NNS_CL）	收录了 11 名初级日语学习者，追踪历时 1 年的日语语篇朗读语音。语料内容包含音段与超音段中介语语音数据，适合于大规模系统性的日语语音动态发展研究。
【专项纵向库—多语者的日语塞音纵向语料库】（简称 NNS_SL_Stop）	收录了 20 名日语学习者习得难度较大的清浊塞音纵向数据，适合于语音专项模块习得路径研究。

3.5.2　中介语语音语料库的应用价值

中介语语音语料库属于学习者专业语料库，旨在采集学习者的习得路径中的中介语语音模式，并加以整理、分类与标注。因此，本语料库的主要应用价值在于日语习得与教学研究领域。本研究团队基于中国日语学习者中介语语音语料库，开展了以下 5 项习得或教学研究。内容概要如下，具体细节请参见第 4 章。

第一项为横向习得研究。研究团队利用【中国日语学习者中介语语音语料库】之"专项纵向库—多语者的初级日语塞音纵向语料库"（刘佳琦，2022）的数据，对拥有汉语普通话（L1），英语（L2），日语（L3）多语背景的日语学习者开展了塞音感知实验。研究结果发现，影响 L3 塞音感知习得的主要因素是不同语言的音位对立间存在的声学相似性，而非语言间的差异性。这也表明学习者感知 L3 塞音时，可能利用了 L2 语音体系和特征等元语音意识。多语背景下的日语语音习得对传统教学提出了新的挑战，教学者需要了解学习者的 L1、L2 和目标语言 L3（日语）的语音特征及语言间的差异性和相似性。研究结果为第三语言习得（Third Language Acquisition, TLA）领域的语音习得模型的构建提供了有力的实证数据，同时也为面向多外语学习者的日语语音教学提供了科学依据。从多语视角开展语音习得研究对于今后的日语教育学发展至关重要。

第二项为纵向习得研究。研究团队利用【中国日语学习者中介语语音语料库】之"专项纵向库—多语者的初级日语塞音纵向语料库"（刘佳琦，2022）的数据讨论了中国日语学习者的日语清浊塞音感知判定与生成朗读能力的发展。研究结果发现日语清塞音感知判定能力随着习得深入有明显提升，且感知与生成界面关联呈现稳定的正相关关系。日语浊塞音的生成存在显著困难，且不受学习阶段影响。这可能是先前语言塞音体系的跨语言影响和调音普遍性的共同制约。跨语言视域下的语音教学应该基于实证研究的结果开展语音感知与生成的训练。

第三项为音段发音教学研究。研究团队结合实验语音学的方法与中介语理论讨论了日语教学中的语音问题。研究首先总结了中国日语学习者的日语音段（元音与辅音）习得特点，其次提出可以用实验语音学的方法实现语音可视化教学，从而改进学习者的发音问题。该研究运用了唇形图、调音截面图、IPA元音舌位图、MRI核磁共振调音成像及声学分析等方法，分析了元音「う」、清化元音、清浊塞音、舌尖闪音和舌尖鼻音以及音节尾鼻音的可视化教学方案。该研究目的在于通过语音可视化教学研究和实践，加强学习者的发音自我监控及反馈能力。

第四项为超音段发音教学研究。研究团队讨论了如何利用声学分析技术来实现有效的日语语音教学。在外语语音教学中利用声学可视化技术可以有效整合视觉和听觉模态信息，促进学生对抽象语音信号和音系规则的认知，并通过人机互动提高语音教学与学习效率，提升自我监控能力。基于此，该研究首先爬梳了第二语言习得理论框架下的中国学习者日语（节律、词调、句中及句末语调）习得研究成果；其次针对中国学习者的习得问题讨论了通过观察、比较、合成语音的声学参数进行日语语音教学的具体方法；最后探讨了声学可视化技术在日语语音教学中的应用价值与实践可行性。

第五项为日语语音习得与发音教学的综述研究。研究团队从教学理论、方法与成果的三个方面入手，阐述了日语语音教学的实践历程以及展望。首先总结了传统语音教学法的利与弊，其中包括模仿跟读、VT、Prosody-Graph、Pitch-Curve 的理论基础、实践方法以及教学成果。其次，归纳了影子跟读（Shadowing）、在线日语声调词典（OJAD）、MOOCs 大规模开放网络课程资源（JPC）及语音可视化教学的研发成果。再次，结合了复旦大学日语语音学课程的建设经验，探讨了课程设计、教材和教学法研发以及混合式教学模式改革。最后，在此基础上展望未来，提出基于中介语语音语料库的日语语音教学发展设想。

3.5.3　中介语语音语料库的工作展望

本项目在中介语语音语料库的设计、采样、标注、建库方面做了诸多细致工作，突破了原有的研究范式。语料库工作任重而道远，本项目也还有工作尚未完成，具体如下。这些将成为项目负责人及团队成员的下一步工作重点。

3.5.3.1　中介语语音语料库的开放检索

本语料库目前还未开放语料检索功能，此项工作有必要继续跟进。开发检索功能并公开语料数据可以进一步拓展本语料库的应用空间。首先，研究人员可以借助语料检索功能获得与各自研究主体相关的语音语料数据，并开展研究，弄清中国日语学习者的语音习得机理。其次，学习者和教学者可以借助语料库检索功能预测习得或教学中可能出现的问题，思考解决问题的路径。

研究团队拟采用 SQL 语言（Structured Query Language，结构化查询语言）来构建语料库检索功能（王宇博，2019）。SQL 语言是国际通用的数据库查询和程序设计语言，用于存取数据以及查询、更新及管理关系数据库系统，具有极大的灵活性和强大的功能性（胡晓东，高嘉伟，2018）。日本国立国语研究所开发的日语语料库（如日语口语语料库 CSJ 等）皆采用 SQL 语言建立了语料库检索功能。

3.5.3.2　中介语语音语料库的可持续发展

项目负责人及本项目研究团队一致认为语料库首先应该收录"有价值的数据"（即有规划地采集且经过完整标注的数据），其次应该富有活力，具有可持续发展的特征。这也是本项目的未来目标，具体表现为以下三个方面，①语音语料的可添加性；②标注系统的复用性；③面向二语语音教学的人机互动接口探索。

（1）语音语料的可添加性

语音语料的可添加性是语料库可持续发展的重要指标。本语料库分设横向语料库与纵向语料库，又分别设置了专项（辅音、节律、声调等）语料库及综合语料库。使用者可以根据自身的研究兴趣和命题选取语料库中的适合语料，并结合各自研究数据开展研究。本研究团队为语料库使用者提供了详尽的语料收录步骤及语料详情，以便使用者可以自行添加、删除或更新数据，以达到自身研究目的。研究团队也计划在今后的研究中不断充实并拓展收录语料。

（2）标注系统的复用性

语料库标注系统的复用性是语料库可持续发展的重要指标。本语料库经过专业团队的努力，对收录的所有语料进行了多维度的规范标注。标注维度包括音段与超音段基础标注，在参考了各维度的经典标注方案的同时，研发了I-JToBI，对中国日语学习者的中介语发音特征进行了标注。语料库使用者可以直接利用本语料库的标签提取所需声学参数及中介语标注，以达成研究目标，也可在现有标注系统的基础上添加、删除或更新标注，以获得符合各自研究目标的声学参数。

（3）面向二语语音教学的人机互动接口探索

数智时代的到来对外语教学模式提出了挑战，数据赋能的外语教学方法亟待探索、研发及应用。本语料库的语音数据以及标注系统，尤其是中介语语音特征的标注可为面向二语语音教学的人机互动接口研究提供基础数据，如实现学习者语音偏误的自动检测等。在英语语音习得与教学领域，基于大型语料库数据构建的二语语音训练模型已应用于面向二语教学的人机互动模式。除此以外，计算机辅助语言学习（Computer Assistant Language Learning, CALL）及计算机辅助发音学习（Computer Assistant Pronunciation Learning, CAPL）的飞跃式技术革新、高变异性语音训练模式（high variability phonetic training, HVPT）（Thomson, 2018）的迅速普及、多模态语音训练机制的不断完善（Saito et al., 2022）也对大型语料库的构建及应用提出了更高的要求。中介语语音语料库（尤其是除英语外的多语种）如何应用于面向二语语音教学的人机互动接口将成为关键且亟待解决的课题。

第**4**章

中国日语学习者中介语语音语料库的应用

在本章中,作者列举了基于中国日语学习者中介语语音语料库开展的两项日语语音习得实证研究、两项日语语音教学研究以及一项综述型研究。

4.1　中国日语学习者的塞音感知习得研究

本研究利用【中国日语学习者中介语语音语料库】之"专项纵向库—多语者的初级日语塞音纵向语料库"(刘佳琦,2022)的数据,对拥有汉语普通话(L1),英语(L2),日语(L3)多语背景的日语学习者开展了塞音的感知实验。研究结果发现,影响 L3 塞音感知习得的主要因素是不同语言的音位对立间存在的声学相似性,而非语言间的差异性。这也表明学习者感知 L3 塞音时,可能利用了 L2 语音体系和特征等元语音意识。多语背景下的日语语音习得对传统教学提出了新的挑战,教学者需要了解学习者的 L1、L2 和目标语言 L3(日语)的语音特征及语言间的差异性和相似性。本研究结果为第三语言习得(Third Language Acquisition, TLA)领域的语音习得模型的构建提供了有力的实证数据,同时也为面向多外语学习者的日语语音教学提供了科学依据。从多语视角开展语音习得研究对于今后的日语教育学发展至关重要。

4.1.1　引言

中国日语学习者的清浊塞音混淆现象在感知及生成两个维度都较明显(杉藤美代子、神田靖子,1987;朱春跃,1994;刘佳琦,2008)。清浊塞音的混淆还会制约日语词汇习得(胡伟,2016),甚至会干扰语义通达,如"退学(退学)"与"大学(大学)"、"店頭(店面)"与"伝統(传统)"等拥有清浊塞音对立的单词(刘佳琦,2008)。换言之,清浊音混淆不仅关乎发音问题,还会影响到词汇、听力和语法的习得(刘佳琦,2018a;2018b)。

迄今为止,已有诸多研究者开展了二语日语塞音习得研究,结果揭示了塞音习得特征及影响因素(杉藤美代子、神田靖子,1987;朱春跃,1994;福冈昌子,1995;刘佳琦,2008)。然而据笔者管见,尚未有研究者从 TLA 的视角出发,对第三语言(L3)日语清浊塞音习得开展相关研究。据日本国际交流基金会开展的中国日语教育机构调查(2017 年)结果显示,初级义务教育阶段的日语学习者人数为 53 955 人(5.7%),高等教育阶段的日语学习者人数为 625 728 人(65.6%),可见大多日语学习者是进入大学后才开始学习日语。我国国内从小学低年级就开始义务教育阶段的英语课程,因此进入大学后开始学习 L3 日语的学习者通常具有以英语为 L2 的学习经历。然而,以往研究只考虑了 L1(汉语普通话)语言经历对日语习得的影响,并未曾考虑到 L2 英语学习经历。很明显的是,在人口不断流动,多样化语言背景迅速发展的当今,二语语言习得研究框架具有一定局限性,已经无法满足多语语境下的语音习得研究的需求。为了推进日语语音习得研究的发展,多语背景下的习得研究与成果传播显得至关重要。

L3 习得过程会受到母语(L1)和第二语言(L2)的影响(Williams & Hammarberg, 1998;Cenoz et al., 2001),这种影响在语音上表现得最为明显(Onishi, 2016)。在 L3 语音习得研究领域,虽母语和已习得语言的迁移逐渐受到关注,但目前母语的迁移仍被认为是 L3 语音习得的主要影响因素,而语言之间的迁移因素没有得到足够的重视(Ringbom, 1987; Pyun, 2005)。近年来,越来越多的研究开始关注多语习得中包括母语在内的所有语言学习经历,即整体语言资源(the whole linguistic repertoire)(Cenoz & Gorter, 2014)。此外,元语言意识被视作重要的多语认知能力,多语使用者可更有效地利用元语言意识(Cenoz, 2003; Jessner, 2006)。然而如上所述,汉语普通话母语者为对象的塞音习得研究还鲜有考虑到学习者的多语背景影响。

因此,本研究利用【中国日语学习者中介语语音语料库】之"专项纵向库—多语者的初级日语塞音纵向语料库"(刘佳琦,2022)的部分日语母语者数据,以中国大学日语专业学习者为对象开展 L2 英语塞音与 L3 日语塞音的感知实验,分析 L3 音位辨别特征和习得跨语言影响。本研究旨在揭示学习者的多语背景对 L3 塞音感知的影响,并探索在语音训练中运用 L2 语音体系与特征来提升元语音意识的可能性。

4.1.2　先行研究

本研究从三个方面归纳整理先行研究的成果：①L1、L2、L3 的塞音体系；②塞音习得研究的成果；③本研究的理论框架。

4.1.2.1　L1、L2、L3 的塞音

一般来说，通过观察持阻阶段的带音性（prevoicing）与除阻后的送气性（aspiration）两项声学特征可判断语言的塞音体系。在此，笔者总结了本书研究所涉及的 L1 汉语普通话、L2 英语和 L3 日语的塞音体系及其声学特征。

本研究参与者为汉语普通话母语者。吴宗济（1988）从生理和声学维度全面调查了汉语普通话的送气与不送气塞音音位对立，研究明确指出中国人区分汉语普通话送气与不送气音的关键在于气流量的大小。表 4-1 为汉语普通话的送气与不送气塞音的 Voice Onset Time（VOT）。如表 4-1 所示，汉语普通话中清送气音的 VOT 值区间为 92.5 ms 至 102 ms，清不送气音的 VOT 值区间为 6 ms 至 14.5 ms（表 4-1 依据鲍怀翘、林茂灿（2014）制作）。

表 4-1　汉语普通话的送气与不送气塞音的 VOT 平均参照值

带音性	送气性	发音部位	VOT 参照值
清音	送气	双唇音 [pʰ]	92.5 ms
		齿龈音 [tʰ]	102 ms
		软腭音 [kʰ]	96.5 ms
	不送气	双唇音 [p]	7.5 ms
		齿龈音 [t]	6 ms
		软腭音 [k]	14.5 ms

关于词中塞音的带音性，鲍怀翘、林茂灿（2014：149）有如下记述："普通话中不送气音的塞音都是清的，但在连读时，后音节的清塞音受到前音节元音的影响而有时读得浊了。这是前面元音声带振动的继续，不是真的变成浊辅音。"换言之，即使不送气音位于词中位置，汉语普通话原则上也不存在浊塞音。

英语在我国外语教学中占据主导地位（Chang，2006）。因此，在大学期间开始学习 L3 的学习者通常具有以英语为 L2 的学习经历。Ladefoged and

Keith(2011:57)将英语的塞音描述如下:根据带音性及词中位置,英语塞音存在 6 种音位或音位变体,以双唇音为例,有 pie、buy、a buy、spy、nap、nab。

虽然英语的词首塞音(例 pie、buy)呈清浊对立,但研究发现英语的词首浊塞音在持阻阶段一般不伴随声带振动(Lisker & Abramson, 1964)。Klatt(1975)和 Docherty(1992)的研究也表明,英语母语者的词首浊塞音 VOT 为正值,持阻阶段声带不振动(见表 4-2)。大多英语母语者的词首塞音/b、d、g/发音在持阻阶段没有声带振动,VOT 为正值。

表 4-2　L2 英语的词首塞音的 VOT 平均参照值

带音性	送气性	发音部位	Klatt(1975)	Docherty(1992)
清音	送气	双唇音[pʰ]	47 ms	42 ms
		齿龈音[tʰ]	65 ms	64 ms
		软腭音[kʰ]	70 ms	63 ms
	不送气	双唇音[p]	11 ms	15 ms
		齿龈音[t]	17 ms	21 ms
		软腭音[k]	27 ms	27 ms

*　英语词首塞音的语音体系为清音和浊音,但词首浊音在持阻阶段一般不伴随声带振动。

/b、d、g/的带音性取决于其词中位置(词首、词中),当浊塞音位于元音之间,如 a buy,塞音持阻阶段伴随声带振动,为真浊音(Ladefoged & Keith, 2011:57)。英语母语者的词中浊塞音 VOT 平均参照值均为负值,/b/为 -40 ms,/d/为 -21 ms,/g/为 -13 ms(王茂林,2009)。此外,擦音/s/之后的清塞音/p、t、k/(如 spy)往往具有较弱的送气性,是音位变体。该环境下出现的清塞音的声学特征与词首浊塞音类似,皆为清不送气塞音(Ladefoged & Keith, 2011:58)。英语母语者的词中清塞音 VOT 平均参照值为/p/11 ms、/t/13 ms、/k/44 ms(王茂林,2009)。

与学习者的 L1 汉语普通话和 L2 英语的塞音体系相比,L3 日语具有不同的塞音音位对立。日语的塞音体系为清音/p、t、k/与浊音/b、d、g/的对立(The International Phonetic Association, 1999:117)。清水克正(1993)研究了 6 种亚洲语言的词首塞音带音性特征,结果发现日语的词首双唇塞音的 VOT 值为[b]-89 ms、[pʰ]41 ms。之后,高田三枝子(2011)报告了日语母语者受年龄和地理等因素影响,词首浊塞音出现＋VOT 化现象。该研究还指出,词首浊塞音在除阻前的声带振动存在与否可能并不影响塞音判定。此外,词首的日语清塞音表现为送气音的[pʰ、tʰ、kʰ],而词中的日语清塞音的送气性减弱,作为音位变体表现为不送气音的[p、t、k](刘佳琦,2011)。以上研究成果可归纳如表 4-3 所示。

表 4-3　L1, L2, L3 的词首、词中塞音音位对立

语言		词中位置	清音		浊音
			送气音	不送气音	
L1	汉语普通话	词首	pʰ、tʰ、kʰ	p、t、k	
		词中	pʰ、tʰ、kʰ	p、t、k	
L2	英语	词首	pʰ、tʰ、kʰ	p、t、k	
		词中		(s)p、(s)t、(s)k	b、d、g
L3	日语	词首	pʰ、tʰ、kʰ		b、d、g
		词中		p、t、k	b、d、g

表 4-3 整理了 3 种语言中具有语义区分功能的清浊对立及送气塞音和不送气塞音的对立。L1 汉语普通话在词首、词中均为送气和不送气的音位对立。L2 英语在词首为送气和不送气的对立,在词中为清浊的音位对立。L3 日语在词首、词中均为清浊的音位对立。

4.1.2.2　塞音的习得

二语习得(Second Language Acquisition, SLA)视域下的塞音习得研究领域已积累了大量不同母语背景的英语学习者的实证研究。Flege(1992:577)发现英语塞音的习得与学习者母语的塞音体系密切相关,学习者母语的 VOT 值与目标语言的 VOT 值成正比。以汉语母语者为对象的研究发现,初级英语学习者的/p/和/b/的感知较为困难(Flege, 1992:568)。

中国日语学习者的塞音习得研究主要聚焦了第二语言日语的清浊塞音感知习得特征(朱春跃,1994;福冈昌子,1995;刘佳琦,2005,2008,2011),研究发现中国日语学习者的清浊塞音双向感知混淆现象,尤其是元音间清塞音的感知正确率较低。刘佳琦(2008)在日语感知调查结果的基础上,还从中国方言的语音体系差异及语言习得的普遍性角度展开了分析。但令人担忧的是,这些研究

没有考虑到塞音的声学参数及汉语普通话以外的早期习得外语的语音体系等的影响。

TLA 研究领域也有研究聚焦于 L3 塞音习得，并取得了一定成果（Trembley, 2007; Llama et al., 2010; Wrembel, 2014）。Wrembel(2014)比较了学习者 L1、L2 和 L3 塞音的 VOT 值，并记录了多语习得过程中独特的 L3 中介语语音特征。如 L1 与 L2 之间的声学差异较大，L3 VOT 值可能会位于 L1 和 L2 平均值之间波动。由此可见，多外语学习者在习得 L3 时会受到 L2 语音特征的影响。然而遗憾的是，该研究仅观察和分析了多语清塞音习得问题，尚未阐明清浊塞音对立及跨语言影响因素。且该研究重点关注塞音的产出特征，而并未针对感知特征开展调查。

4.1.2.3　本研究的理论框架

（1）言语学习模型

在 SLA 领域，研究者在预测和分析习得特征时均离不开两个关键词，即语言间的相似性与差异性。早期研究认为语言习得难度与语言间的差异相关，且差异越大习得难度越大。Lado（1957）提出的对比分析研究（Contrastive Analysis Hypothesis）指出通过比较母语与目标语言间的差异来预测或解释习得的表层现象。Eckman(1977)提出了标记差异假说（Markedness Differential Hypothesis, MDH），用语言的标记性（Markedness）来阐释语言习得的差异。之后，Eckman（1991）又提出了 MDH 改良版 Interlanguage Structural Conformity Hypothesis。这些理论或假设的核心在于语言间的差异性，认为目标语言与母语间的差异会引发习得困难。然而，教学与习得实践经验证明，仅凭语言间的差异性很难预测或解释习得现象的全貌。

Oller and Ziahosseiny(1970)开始研究 L1 和 L2 间的相似性对语言习得的影响。比起差异性较大的母语与目标语言系统，研究焦点逐渐趋向相似性较高的语言或语言体系习得。Flege（1995）的言语学习模型（Speech Learning Model, SLM）指出学习者更难习得相似性较高的语言体系。这是由于学习者将与母语相似性较高的目标语言系统判定为母语同类，这抑制了学习者关注并体察、思考语言间的细微差异，母语同化的简单操作导致习得问题的产生。SLM 认为，与母语差异性大的目标语言的语言体系更容易被感知，习得更顺利。基于 Flege 的研究，Major and Kim(1999)提出了 Similarity Different Rate

Hypothesis(SDRH)，并对语言习得中的差异性和相似性进行深入讨论。SDRH 将语言标记性视作习得的中介因素，学习者能够更快速地习得与母语差异性高的语言体系。总结而言，以上习得模型或假说认为，对习得产生负面影响的是语言间的相似性，并非差异性。

（2）元语音意识

元语言意识(metalinguistic awareness)是重要的语言能力，与外语习得密切相关(Herdina & Jessner, 2002；Gombert, 1992)。在多语习得领域，Jessner(2006)发现 L3 英语学习者在学习词汇时使用有声思维法(think-aloud)的频率高于 L2 英语学习者，从而证明了元语言意识是多语习得的关键认知能力。Cenoz(2003)与 Jessner(2006)指出多语者更善于运用高级元语言意识和元认知策略来学习新目标语言。在 TLA 领域，尽管已有研究聚焦于元语音意识(Kennedy & Trofimovich, 2010；Venkatagiri & Levis, 2007；Wrembel, 2013；2014)，但研究数量仍较少，也未充分探讨元语音意识对习得的影响。

Wrembel(2013；2014)的 L3 塞音系列实证研究利用有声思维法和刺激回忆法(stimulated recall)以调查与学习者语音意识相关的心理过程。研究结果发现，学习三种及以上语言的多外语学习者或拥有更强的元语言意识。此类学习者会自主尝试构建新外语语音系统，并通过分析对比将其与母语或已习得语言区分开来。具体过程为：①仔细听辨 L3 语音特征，并专门对发音问题进行评论；②理解并分析 L3 语音表达，并整理语音规则；③反思 L3 的发音与学习过程，提高元认知能力。此外更值得关注的是，研究结果还表明习得水平不同的 L3 学习者在元语音意识上存在差异。

先行研究的结果可总结如下：早期研究关注 L1 迁移，并多以英语学习者为对象进行研究。虽已有少量研究通过声学实验验证了塞音习得中的跨语言影响，但其研究成果仍有局限性。故，本研究利用【中国日语学习者中介语语音语料库】之"专项纵向库—多语者的初级日语塞音纵向语料库"(刘佳琦，2022)的部分日语母语者数据，针对初级日语学习者开展了 L2 英语和 L3 日语的清浊塞音感知实验。本研究重点关注学习者 L1、L2 和 L3 塞音系统的相似性和差异性，探究塞音感知习得中的跨语言影响。基于实证研究结果探究 L3 日语语音习得中利用 L1 和 L2 语音系统以提升元语音意识的可能性。

4.1.3 感知实验

4.1.3.1 实验参与者

本实验参与者为 L1 汉语普通话、L2 英语、L3 日语学习者 20 名，年龄在 18 至 20 岁之间（见表 4-4）。参与者均具有健全的听力和发音能力。参与者在中国某大学日语专业就读，进入大学后开始学习并有两个月学习经历的初级日语学习者，已完成发音和假名书写阶段的学习。本研究对实验参与者的出生地和家庭语言环境做了严格的限制，确保参与者均在中国北方或西北地区出生和长大，以中国北方方言为母方言，同时其家庭使用语言也是与汉语普通话的塞音体系一致的中国北方方言。另外，参与者有约 10 年的英语学习经历。

表 4-4　实证研究参与者（学习者）详情

平均年龄 （SD）	英语学习年数 （SD）	日语 学习经历	日本 居住经历
18.05(0.60)	10.30(1.56)	80h	无

协助本研究的日语母语者信息如下：

（1）日语语音刺激的提供者

据【中国日语学习者中介语语音语料库】之"专项纵向库—多语者的初级日语塞音纵向语料库"（刘佳琦，2022）所述，语料库收录的日语语音刺激的提供者为两名日语母语者（男女各 1 名）。语音提供者均为 30 多岁，来自东京。

（2）日语感知实验的参与者

参加日语感知实验的日语母语者有 10 名，他们是在中国国内从事日语教学的教师或留学生，年龄 25 至 55 岁。

4.1.3.2 实验语料

如【中国日语学习者中介语语音语料库】之"专项纵向库—多语者的初级日语塞音纵向语料库"（刘佳琦，2022）所述，本研究的语音刺激为 42 个日语刺激词＋50％（21 个）干扰项，12 个英语刺激词＋100％（12 个）干扰项。目标语音的发音部位为双唇、齿龈、软腭。语音刺激分别位于词首和词中，塞音后续元音统一为[a]。语音刺激中没有音高重音。

4.1.3.3　实验步骤

（1）语音刺激的准备

本研究使用 Praat 6.0 制作感知实验的语音刺激。首先，在实验语音刺激之前插入 400 ms 的空白音，在前后刺激语音之间留出时间间隔。其次，为了唤起参与者注意，在语音刺激之前插入 500 Hz、400 ms 的合成语音作为实验开始提示音。再次，在语音刺激之后插入 1 000 ms 的时间间隔，用于参与者观察和理解显示器上呈现的塞音对立选项。

（2）感知实验的实施

感知实验设备为笔记本电脑和 SONY 降噪耳机（MDR－ZX110NC），实验平台为 Praat 6.0 的"Experiment MFC 6"脚本。参与者在安静环境中，戴着耳机面向电脑显示器就座。显示器上呈现随机排序的最小对立，参与者用鼠标选择听到的语音刺激。日语学习者 20 名参与了 L2 英语和 L3 日语的感知实验，日语母语者 10 名参与了日语感知实验。

在正式实验前，学习者填写了一份关于母语背景和外语学习经历的问卷。之后，参与者参加了一个小型预实验以熟悉实验设备和步骤。预实验的设备和程序与正式实验相同，但内容无关。每位参与者的实验时间为 10～15 分钟，中间间隔短时休息。实验结束后，实验者使用 Praat 记录参与者的感知结果和反应时长，并将数据转存为 csv 文件以便后期处理。

（3）分析方法

声学语音学和感知语音学领域的众多研究表明，塞音的带音性与诸多声学参数相关。其中，声带前振与送气性被认为是判断塞音类别的决定性特征（Klatt，1975）。Voice Onset Time（VOT）指涉从除阻到声带振动起点的时长，可同时捕捉声带前振与送气性两个决定性声学特征（Lisker ＆ Abramson，1964；Abramson ＆ Lisker，1970；Abramson，1977）。因此，本研究将着重分析 L1、L2 与 L3 清浊塞音的 VOT 模式，并阐明其与塞音感知正确率间的相关关系。

本研究利用刘佳琦（2022）的语料库标注信息，使用"analyse_tier. praat"脚本采集日语语音刺激的 VOT 数据用以分析。本研究使用 R（Ver. 3. 4. 0）对声学数据及感知正确率数据进行整理、可视化及统计检验。

4.1.4　实验结果

首先,笔者将汇报学习者 L2 英语塞音的感知实验结果。其次,笔者将描述用于日语感知实验的语音刺激的声学特征。再次,笔者将报告日语学习者与日语母语者的日语塞音的感知实验结果。最后,笔者将报告 L3 日语塞音的感知正确率与语音刺激 VOT 值间的相关性。

4.1.4.1　L2 英语塞音的感知实验结果

学习者 L2 英语塞音感知实验的平均正确率如下:词首浊塞音(如 bark)为100%,词中浊塞音(如 a bark)为 97.75%,词首清塞音(如 park)为 100%,词中清塞音(如 spa)为 94.46%,正确率均较高。如表 4-4 所示,本研究的参与者从小学入学时(7 岁)开始学习英语,有约 10 年的英语学习经历。可见,参与者在进入外语学习关键期(Critical Period, Long, 1990)前就开始学习 L2 英语。实验结果发现,参与者能够感知和区分 L2 英语的清浊塞音类别。

4.1.4.2　L3 日语语音刺激的声学特征

本研究使用刘佳琦(2022)的语料库数据中日语母语者语音作为感知实验刺激。图 4-1 展示了感知实验的日语语音刺激的 VOT 分布情况。图 4-1 箱线图的横轴表示 VOT 值,纵轴表示清音(voiceless)和浊音(voiced),箱的凹槽部分表示中位数的 95% 置信区间。图 4-1(上)为词首(Initial)塞音 VOT 分布情况,图 4-1(下)为词中(Non-initial)塞音 VOT 分布情况。从图 4-1 可见,日语词首和词中塞音的 VOT 值及其分布区间有所不同。

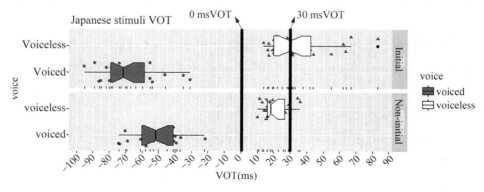

*　●表示浊音(voiced)、▲表示清音(voiceless)

图 4-1　日语母语者的塞音 VOT 值分布区间

日语母语者的词首清塞音 VOT 平均值为 30 ms，中位数为 35.08 ms，标准差为 18.48（图 4-1 上）。相比之下，词中清塞音的 VOT 中位数为 18.5 ms，标准差为 7.75，VOT 分布区间小于 30 ms（图 4-1 下）。30 ms VOT 是具有普遍意义的阈值。从跨语言研究中得知，世界语言大多以 30 ms VOT 为界来区分送气音与不送气音，该语言普遍性受到了人类感知机制的制约（Keith，2003：101-102）。

另如图 4-1 所示，感知实验语音刺激的日语浊塞音无论位于词首还是词中都为负值，VOT 值中位数分别为-68.67 ms（词首）和-51.61 ms（词中）。

4.1.4.3　L3 日语塞音的感知实验结果

L3 日语塞音的平均感知正确率和标准差如表 4-5 所示。独立样本 t 检验结果表明，除词首塞音情况以外，日语母语者的正确率均显著高于日语学习者。两组的词首塞音感知正确率都较高，无显著差异。

表 4-5　日语清浊塞音的感知正确率

带音性	词中位置	日语学习者		日语母语者		显著性水平
		正确率	标准差	正确率	标准差	
浊音	词首	97.08%	0.05	97.92%	0.09	$p=.72$
	词中	82.50%	0.11	100%	0	$p<.0001$
清音	词首	78.13%	0.25	97.92%	0.09	$p<.005$
	词中	57.22%	0.21	100%	0	$p<.0001$

笔者将带音性（清、浊）和词中位置（词首、词中）作为自变量，将感知正确率作为因变量进行了二元配置的方差分析。实验结果发现，浊塞音的感知正确率显著高于清塞音（$F(1, 19) = 28.557$，$p<.0001$）。与此同时，研究结果还发现词中位置（position）也具有主效应，位于词首的日语塞音的感知正确率显著更高（$F(1, 19) = 61.176$，$p<.0001$）。带音性和词中位置之间没有交互效应（$F(1, 19) = .779$，$p = .388$）。

此外，为了明确学习者对日语清浊塞音的感知差异，笔者进行了独立样本 t 检验（见图 4-2）。结果发现，①日语清浊塞音间存在感知差异，浊塞音的感知正确率显著更高（图 4-2 左，$t(39) = 5.7412$，$p<.0001$）。②词首塞音和词中塞音间存在感知差异，词首塞音的感知正确率显著更高（图 4-2 右，

$t(39) = 5.9133, p < .0001)$。

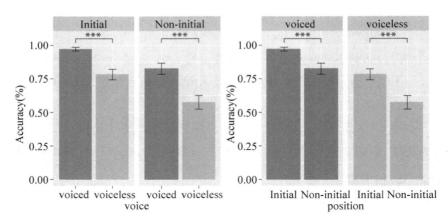

图 4-2　L3 日语清浊塞音感知实验的平均感知正确率

4.1.4.4　L3 日语塞音的感知正确率与 VOT 值的相关关系

研究结果表明,影响日语塞音感知正确率的主要原因是带音性和词中位置。为了详细分析感知刺激的声学参数 VOT 值如何影响清浊判定,笔者按带音性和词中位置将数据分类,讨论了感知正确率与实验刺激 VOT 值间的相关性(见图 4-3)。图 4-3 由四幅图组成,左上是词首浊音(Initial voiced)、右上是词首清音(Initial voiceless)、左下是词中浊音(Non-initial voiced)、右下是词中清音(Non-initial voiceless),分别展示了四类条件下的塞音感知正确率与实验刺激 VOT 值间的动态相关关系。图 4-3 的横轴为声学参数 VOT 值,纵轴为感知正确率(ACC),●表示日语学习者(NNS),▲表示日语母语者(NS)。

相关性分析结果发现,仅词首清塞音的感知正确率与实验刺激的 VOT 值之间存在正相关性($r = .45, p < .001$)。如图 4-3(右上)所示 VOT 值越小感知正确率也越低,反之亦然。由此可见,VOT 值是 L3 日语学习者判断词首清塞音的关键声学线索。除此之外,词首浊塞音($r = .008, p = .69$)、词中浊塞音($r = .001, p = .93$)、词中清塞音($r = .16, p = .10$)的感知正确率与语音刺激 VOT 值间不存在相关性。可见,VOT 值并非 L3 日语学习者判断以上 3 项条件下清浊对立的有效声学线索。

此外,笔者还分析了日语母语者(NS)的感知正确率与语音刺激 VOT 值间的相关性(图 4-3),但未发现两者间存在相关性。如表 4-5 所示,日语母语者的感知正确率较高。可见在语音刺激的 VOT 值区间内,日语母语者能够区分母语的清浊塞音类别。这是母语者的语音范畴感知机制（Liberman et al.，1957）的作用。

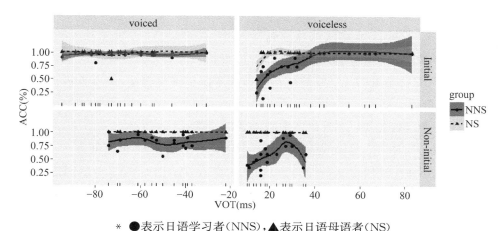

* ●表示日语学习者（NNS），▲表示日语母语者（NS）

图4-3　感知正确率（ACC）与语音刺激 VOT 值的相关关系图

4.1.5　讨论

4.1.5.1　基于言语学习模型的讨论

研究结果显示，日语塞音感知正确率主要受到带音性与词中位置的影响。具体而言：①日语浊塞音的感知正确率显著高于清塞音；②词首塞音的感知正确率显著高于词中塞音。在此，我们基于言语学习模型的关键概念，即语言间的相似性和差异性来探讨影响 L3 日语塞音感知的跨语言影响。

（1）L3 清塞音的感知与语言间的相似性

感知实验结果表明，位于不同词中位置的 L3 日语清塞音的感知正确率存在显著差异。位于词首的清塞音的感知正确率显著较高（见图4-2右），且感知正确率与语音刺激 VOT 值的正相关关系也在本节 4.1.4.4 中得到了证实，即 VOT 值越小感知正确率越低（见图4-3右上）。然而，L3 词中清塞音的感知正确率与语音刺激 VOT 值间未见显著相关性。研究还发现词首清塞音刺激的 VOT 均值与标准差皆较大（见图4-1上），中国多外语学习者以 VOT 值为感知判定清浊对立的关键线索。相反，词中清塞音刺激的 VOT 值分布区间整体低于 30 ms（见图4-1下），此时 VOT 值则并非中国多外语学习者判定清浊对立的有效感知线索。

另外,学习者 L1、L2 和 L3 词首清塞音的平均参照值皆高于 30 ms 的阈值水平。如表 4-1 所示,L1 汉语普通话的词首清塞音 VOT 值区间为 92.5 ms 至 102 ms。又如表 4-2 所示,L2 英语的词首清塞音的 VOT 值区间为 42 ms 至 70 ms。同样,L3 日语的词首清塞音的语音刺激的 VOT 值及其区间较大,且与学习者的先前语言塞音 VOT 参照值也较为接近(见图 4-1 上)。故而,L3 日语词首清塞音的送气性特征对学习者来说更容易感知,学习者可正确判定 L3 词首清浊塞音对立,感知正确率高于词中位置的清浊塞音类别感知。

然而与词首相比,L3 日语词中清塞音的感知正确率较低(见图 4-2 右)。如结果分析所述,L3 日语的词中清塞音(如,あぱ)的 VOT 值区间为 15 ms 至 26 ms(见图 4-1 下)。学习者 L1 不送气清塞音(如,巴)的 VOT 区间为 6 ms 至 14.5 ms(见表 4-1)。两者的 VOT 值分布区间同样低于 30 ms 阈值水平,具有相似的声学特征。Flege(1995)的 SLM、Major and Kim(1999)的 SDRH 等二语语音习得模型认为,母语和外语的相似性会对习得产生负迁移。从本研究的结果来看,当 L3 和 L1、L2 的不同音位对立之间存在声学相似性时,学习者容易将 L3 的音位简单同化至母语音位体系,建立错误匹配关系,引起感知混淆、习得延迟,甚至短期或长期石化现象。

Ringbom and Jarvis(2009)从跨语言习得与教育维度指出语言间相似性的重要性。在多外语学习的早期阶段,学习者倾向于建立过度简化的语言间映射关系来减轻习得负担,但这往往不利于习得。因此从多语习得视角开展研究并传播研究结果对于改善今后的日语语音教育至关重要。

除此之外,笔者认为还有必要讨论 L2 词中清塞音(如,spa)对 L3 日语词中清塞音(如,あぱ)感知可能产生的影响。当 L2 词中清塞音前接摩擦音/s/时,会出现送气性减弱现象。其实质为清塞音的环境音位变体,此时的 VOT 分布与 L3 日语的词中清塞音(见图 4-1 下)较相似。本节 4.1.4.1 的 L2 英语塞音感知实验结果发现,本研究参与者的 L2 英语词中清塞音(如,spa)的感知正确率高达 94.46%,清浊对立的混淆现象并不明显。然而与之相对,L3 日语词中清塞音(如,あぱ)的感知正确率为 57.22%,清浊塞音的混淆现象严重(本节 4.1.4.3)。各语言的相同音位对立间的声学相似性本应有利于跨语言语音感知,然而从本研究的跨语言语音感知实验结果来看,L3 日语的词中清塞音感知正确率低于 L2 英语。据此,笔者认为在 L3 习得早期阶段,新目标语言的语音范畴基准还未建立,或者来自先前语言的元语言意识尚未激活,因而学习者则无法利用 L2 的相应语音特征来感知新目标语言的音位对立。

上述讨论可总结为以下 3 点：①学习者的 L3 日语清塞音的感知正确率与语音刺激的 VOT 区间及其离散程度有关。由于词中清塞音 VOT 区间低于 30 ms，且离散程度较低，此时 VOT 值并非中国学习者感知判定目标语言清浊对立的有效线索；②当各语言的不同音位对立间存在声学相似性时，学习者容易陷入简单映射操作，导致感知混淆；③在 L3 习得初期，学习者先前语言的元语音意识并不一定有助于新目标语言语音习得。

（2）L3 浊塞音的感知与语言间的差异性

感知实验的结果显示，L3 日语浊塞音的感知正确率高于清塞音。声学分析结果表明，日语母语者的浊塞音 VOT 值在词首和词中均为负数（见图 4 - 1），中位数分别为 −68.67 ms 和 −51.61 ms。然而，笔者比较学习者 L1 不送气塞音的平均参照值（见表 4 - 1）和 L2 浊塞音的平均参考值（见表 4 - 2）发现，当它们位于词首时，VOT 值均为正值，与 L3 日语词首浊塞音的负 VOT 声学特征有明显差异。尽管两者间存在较大差异，中国学习者在感知 L3 浊塞音时却很少产生混淆，感知正确率较高。早期的 SLA 研究认为，习得难点主要取决于母语与目标语间存在的差异性（Lado，1957；Eckman，1977，1991）。然而与之相对，SLM（Flege，1995）提出学习者更容易习得新的或与先前语言相似性低的目标语言语音体系。其理由在于，相似性较低的语音体系更易引起学习者的注意，并激活其元语言意识。学习者在习得初期就能够发现并区分母语与目标语言间的差异。反之，与母语相似性高的目标语言语音体系较难引起学习者的早期关注，学习者会将这些语音匹配并同化为与母语相同的类别，致使习得延迟。

在词中的情况下，感知实验结果发现 L3 日语的浊塞音感知正确率高于清塞音（见图 4 - 2 左）。学习者的 L1 汉语普通话中原则上不存在负 VOT 值。而 L2 英语词中浊塞音（如，a bark）为负 VOT 值，其平均参照值为 −40 ms（王茂林 2009）。SLM 提出母语与目标语言间的明显差异性有利于语音习得。但 L2 已习得外语和 L3 的相同音位对立，即词中浊塞音拥有声学相似性，也可能有助于音位对立的感知判定。这说明学习者或可使用 L2 英语的声学特征激活元语音意识进行判定。

人类区分语言中音位对立的能力受到范畴感知机制的限制（Liberman et al.，1957）。人类判定具有语义区别功能的音位的能力远高于辨别细微声学差异的能力。如果学习者能够察觉并区分 L3 与 L1、L2 间的差异性,则有利于构建 L3 语音感知的基准。反之,如果学习者无法在感知上分辨语言间高度相似的语音系统,那么学习者对语言间差异性的进一步检验和再现就会停滞不前,陷入感知混淆(Kingston,2003)。

此外,对学习者 L3 浊塞音的感知正确率与实验语音刺激的 VOT 值的相关性研究发现,两者间并无相关性(见图 4 - 3)。VOT 值或并非中国学习者判断 L3 浊塞音的有效感知线索。尽管高田三枝子(2011)指出,日语词首浊塞音的负 VOT 值不一定是日语母语者区分清浊音的有效声学线索。但笔者认为学界仍需对多外语学习者习得研究成果进行更全面的佐证,以探讨负 VOT 值是否同样也并非 L3 日语学习者区分日语清浊音的有效声学线索。

基于感知实验的数据分析结果,本研究得到以下结论:①学习者的 L1 与 L2(除词中以外)不存在负 VOT 声学特征,与 L3 浊塞音间的区别明显。此类特征提高了学习者的注意力,促进了感知习得;②L2 英语的词中浊塞音的负 VOT 浊音声学特征有助于 L3 浊塞音的感知。

4.1.5.2　多语言背景下的元语音意识

针对学习者的 L2 英语塞音感知实验结果发现,L2 英语的词首和词中,清浊塞音的感知正确率均较高。本研究参与者在外语学习关键期前已开始学习 L2 英语,并能感知判定 L2 英语的清浊塞音。本研究基于语言间的相似性和差异性着重讨论了影响 L3 语音习得的跨语言因素。此外,结果还发现学习者利用 L1 与 L2 的语音特征作为元语音意识以感知 L3 日语塞音类别,具体而言有以下两点。

(1) 学习者的 L3 日语词中清塞音(如,あぱ)的感知正确率显著低于其他条件

这可能源于 L1 与 L3 的不同音位之间存在相似性,导致音位映射关系的错误匹配,清浊音的区分困难。另外,L2 英语的词中清塞音(如,spa)作为[pʰ]的音位变体,具有不送气清音的声学特征。据此可以推测语言间的相同音位对立中存在的声学相似性有助于新语言的语音感知。但正如 4.1.4.3 中所述,学习者常常会混淆 L3 日语的词中清塞音。因而可以推测,在 L3 的习得初期阶段,先前语言的元语音意识有可能尚未被激活,学习者未必能够利用先前语言的音系特征来感知新目标语言的语音体系。

（2）学习者的 L1 汉语普通话原则上不存在负 VOT 值

然而，L2 英语词中浊塞音（如，a bark）具有负 VOT 值的声学特征。由此可知，L2 与 L3 中代表相同音位的词中浊塞音共享的声学相似性有利于感知。这说明学习者可能利用 L2 英语的声学特征作为元语音意识来匹配新目标语言的语音体系。

正如 Cenoz（2003）与 Jessner（2006）所述，多语学习者往往会在语言习得中使用高级的元语言意识和元认知策略。然而在 TLA 领域，元语音意识尚未得到充分研究，笔者管见，元语音意识的相关研究数量稀少。Wrembel（2014）指出，学习三种或以上语言的多外语学习者可用更强的元语言意识助其习得新语言。学习者能自主利用母语和已习得语言的元语言知识来构建目标语言的新语音体系。本研究在 TLA 背景下开展了 L3 清浊塞音的感知实验，结果证明了多语学习者在构建新目标语言语音系统时可能会使用先前语言习得经验积累下的元语音意识。

4.1.6　对日语教育的启示

本研究利用中介语语音语料库（刘佳琦，2022）的部分数据，以多语背景下的日语学习者为研究对象展开感知实验，讨论了 L1 汉语普通话、L2 英语及 L3 目标语言日语的语音特征及语言间的差异性与相似性。在目标语言的学习初期，学习者受到语言间声学相似性的影响，为了减轻认知负担，学习者倾向于构建过度简化的跨语言映射关系，但这并不利于习得。研究还发现语言间的显著差异能够唤起学习者的注意，促进语音习得。本研究揭示了学习者所拥有的整体语言资源的语音体系和语音习得情况，并提出了有助于建立多语环境下日语语音习得模型的实证数据，以期在今后的日语教学中更高效地预测发音问题并查明原因。

本研究还发现学习者可能利用元语音意识，如 L1 或/和 L2 的语音特征以感知判别 L3 日语的语音体系。国内大多日语学习者都具有以英语为 L2 的学习经历。然而在实际教学场景，教师为防止学生受到母语或其他已习得语言的语音体系的干扰，可能有意地避开不涉及这些语言，反而教学效果不尽如人意。因此，基于跨语言视角的语言习得研究及研究成果的传播，对于日语语音教学改革至关重要。本研究认为积极导入整体语言资源的概念，利用母语或其他已习得语言的语音知识，开展语言间的相似性和差异性的明示性教学，可提高学习者的元语音意识,促进学习者更好地掌握多外语发音。

此外,我们还须特别注意已习得语言的熟练水平因素。先行研究指出,除母语外的已习得语言的习得水平差异会影响元语言意识水平(Wrembel,2013,2014)。因此,多语背景下的日语语音教学须先明确学习者已习得语言的熟练度及元语音意识水平。

4.1.7　结论与今后的课题

本研究利用【中国日语学习者中介语语音语料库】之"专项纵向库—多语者的初级日语塞音纵向语料库"(刘佳琦,2022)的数据,针对L1汉语普通话,L2英语,L3日语学习者开展了L2、L3的感知实验。实验结果发现:①L3词首清塞音的感知与实验刺激的VOT值及分布区间有关,L3浊塞音的感知与VOT值无关;②L3词中清塞音的感知混淆源于跨语言音位体系的相似性。先前语言与目标语言间的显著差异性有利于新语言的语音感知。研究结果证明,阻碍L3日语塞音感知判别的主要因素是跨语言不同音位对立间存在的声学相似性,而非跨语言差异性。

SLA领域中讨论的语言间相似性和差异性同样也适用于解释或预测TLA领域中一些多语习得表征。但在TLA视域下,L2语音体系和熟练度也是影响目标语言习得的重要因素,因此有必要进行更加细致的考察。本研究结果为多语言习得理论的推敲提供了有力的实证数据。另外,基于实验结果,本研究还讨论了多语背景下的日语语音教学改善建议。为了应对学习者的多样性,今后的日语教学更需从跨语言视角开展教学实践。笔者希望本研究结果及传播能有助于改善日语语音教学现状。

本研究还有进一步推进的必要性。L3塞音的感知习得将随着学习的积累发生动态变化,今后有必要开展纵向追踪实验,从跨语言视角揭示语言习得中L3语音空间的重构过程。此外,今后须进一步开展语音教学实践或教材研发,验证元语音意识在多语语音教学实践中的有效性。

4.2　中国日语学习者的塞音感知与生成动态发展研究

本节利用【中国日语学习者中介语语音语料库】之"专项纵向库—多语者的初级日语塞音纵向语料库"(刘佳琦,2022)的数据开展了中国日语学习者的日语清浊塞音感知判定与生成朗读追踪实验。实证研究结果发现日语清塞音感知判定能力随着习得深入有明显提升，且感知与生成界面关联呈现稳定的正相关关系。日语浊塞音的生成存在显著困难，且不受学习阶段影响。这可能是先前语言塞音体系的跨语言影响和调音普遍性的共同制约。跨语言视域下的语音教学应该基于实证研究的结果开展语音感知与生成的训练。

4.2.1　引言

在第二语言习得研究领域，语音感知与生成界面关联问题一直是学界的争论焦点。有研究认为感知与生成习得密切相关(Flege，1995)，互相促进，语音感知训练能促进生成习得(Hirata，2004)。然而也有研究证明语音感知与生成能力的发展具有不同步性(Nagle，2018)。至今为止，学界对于第三语言学习者的感知与生成的界面动态发展还知之甚少(Cabrelli Amaro & Wrembel，2016)。

第三语言语音习得研究是非常年轻的学科分支。近年来第一、第二、第三语言的塞音 VOT(voice onset time)值与分布模式作为衡量目标语言语音体系发展的重要参数越来越受到关注(清水克正，2012；Llama & López-Morelos，2016；刘佳琦，2019)。在中国大学的外语教育背景下，日语专业的学习者除母语外，大多还拥有 10 年及以上的英语学习经历，事实上这是跨语言习得研究的典型实例。本文以第一语言(L1)为汉语普通话、第二语言(L2)为英语、第三语言(L3)为日语的高等院校日语专业学生为研究对象，开展日语清浊塞音感知与生成实验，从跨语言视角调查多语学习者的日语塞音习得特征，并聚焦学习者在不同习得阶段的塞音感知与生成界面关联的动态发展，旨在为外语语音习得理论的发展提供实证，并为整体语言资源背景下的多语语音教学提供科学依据。

4.2.2　文献综述

二语习得研究成果显示，目标语言清浊塞音体系是中国学习者的习得难点(王茂林，2009；刘佳琦，2011)。中国人日语学习者的清浊塞音混淆现象也受到了关注(朱春跃，1994；福冈昌子，1995；刘佳琦，2008)。先行研究证明有声性判别与生成能力发展不单是语音问题，甚至会波及词汇习得(胡伟，2016)、听力理解等多个环节的语言发展(刘佳琦，2018)。

语音混淆现象显现于各个外语习得阶段,且有时出现在感知层面,有时则表现在生成维度。从言语加工角度来看,目标语言的音位判定实质上是学习者感知分析语音声学特征的过程,也是与人脑现存语音范畴的匹配过程(Jiang,2018)。在二语语音习得研究领域,感知与生成中哪个维度更具先导性,一直存在纷争。部分学者支持感知习得先于生成习得的论点(Flege et al., 1997)。言语学习模型(speech learning model,SLM)(Flege, 1995)也做了相应预测,主张二语发音问题主要源于感知。与此同时,也有学者认为感知与生成之间相辅相成,语音感知训练同时促进语音生成(Hirata, 2004)。然而还有些学者认为两维度间的相关关系仅限于部分语音特征,并不能解释或预测所有语言的语音加工问题(Chan, 2014)。Nagle(2018)的研究进一步汇报了二语语音感知与生成习得的动态发展,指出感知和生成涉及独特认知和运动技能,可能造成两个维度的不同步发展。

三语塞音感知与生成习得研究领域已经积累了一系列实证研究成果(Llama & López-Morelos, 2016;刘佳琦,2019;Liu & Lin, 2021)。清水克正(2012)研究了 L1 泰语、L2 英语、L3 日语学习者的塞音感知与产出习得特征。实验结果发现尽管学习者可以在听感上察觉到语言间的差异,但往往难以利用发声器官正确产出目标语言的浊塞音。刘佳琦(2019)从跨语言视角出发,针对初学日语的学习者开展了清浊塞音感知实验。实验结果显示日语学习者的浊塞音感知正确率显著高于清塞音。Liu and Lin(2021)报告了 L1 汉语普通话、L2 英语、L3 日语或俄语初级学习者的词首塞音感知与生成习得情况。研究发现目标语言与先前语言的不同音位间存在的声学相似性会造成语音感知的混淆。相反学习者能感知 L3 浊塞音的新语音特征(prevoicing)却很难生成 L3 浊塞音。该结果说明在 L3 语音习得初级阶段,语音感知与生成之间可能存在不一致性。但至今为止还鲜有研究从跨语言视角探究塞音感知与生成的界面动态发展。作者认为弄清学习者的言语感知与生成的界面关联及发展过程,不仅有利于讨论言语习得机制的本质,更有助于完善语音听辨与发音的教学实践。鉴于此,本研究拟弄清以下研究问题。

(1) 日语学习者在不同习得阶段的塞音感知如何发展?

(2) 日语学习者在不同习得阶段的塞音生成如何发展?

(3) 日语学习者在不同习得阶段的塞音感知与生成界面如何发展?

4.2.3　研究方法

4.2.3.1　研究参与者

本实验使用了【中国日语学习者中介语语音语料库】之"专项纵向库—多语者的初级日语塞音纵向语料库"(刘佳琦,2022)的数据。该数据子库的参与者是以汉语普通话为母语的日语学习者 20 名,年龄分布在 18 至 20 岁。参与者拥有健全的听感和发音能力。参与者为中国的大学日语专业本科生,数据采集时间是学习日语约 2 个月(第一阶段),学习日语约 1 年(第二阶段),这期间他们没有接受过专门的发音指导。本实验的参与者出生生长于中国北方或西北方地区,以北方方言为母方言,家庭语言为北方方言。中国北方方言与汉语普通话的塞音体系一致。实验参与者都是进入大学后才开始学习日语,在初级教育阶段接受了 10 年以上的英语教育。

除此之外,本研究还采集了 24 位日语母语者的语音数据。①感知实验刺激提供者:2 名(男女各 1 名),年龄为 30 岁左右,出生地为东京。②感知实验参与者:10 名,年龄为 25 至 55 岁,出生地为日本首都圈内。③生成实验参与者:12 名,年龄为 20 至 55 岁,出生地为日本首都圈内。

4.2.3.2　汉语普通话、英语、日语的塞音体系

本实验参与者的母语是汉语普通话。吴宗济(1998)从生理及声学角度分析了汉语普通话的塞音体系,指出除阻后的送气段时长是中国人区别汉语普通话塞音类别的关键。汉语普通话塞音体系为清送气音和清不送气音的对立。其声学特征表现为清送气音的 VOT 区间为 92.5 ms 至 102 ms,清不送气音的 VOT 值区间为 6 ms 至 14.5 ms(鲍怀翘、林茂灿,2014)。

本研究参与者的第二语言为英语,英语的词首浊塞音常常无声带前振(prevoicing)(Lisker & Abramson, 1964)。Ladefoged and Keith(2015)明确指出,英语词首的/p、t、k/是清送气音,而/p/和/b/的主要区别并不在于清浊,而在于是否送气。浊塞音音位/b/是否是浊音,主要取决于其在单词中所处的位置。英语词中(元音间)塞音音位/b、d、g/发音可观察到声带前振现象。

参与者的第三语言日语塞音体系呈现清塞音/p、t、k/与浊塞音/b、d、g/的对立(The International Phonetic Association, 1999)。Shimizu(1993)汇报了日语词首双唇塞音的 VOT 平均值为[b]−89 ms、[pʰ]41 ms。换言之,日语塞音体

系主要依据持阻阶段有无声带前振来区分清浊塞音(高田三枝子,2011)。

4.2.3.3 研究语料

本研究使用了【中国日语学习者中介语语音语料库】之"专项纵向库—多语者的初级日语塞音纵向语料库"的数据,其语料为 42 个日语单词,另外增加了50%(21 个)填充词。感知判定实验和生成朗读实验的语料相同,但填充词不同。具体为双唇音 p、b,齿龈音 t、d,软腭音 k、g,分别位于单音节词的词首位置、双音节词的词首或词中位置。塞音后续元音统一为[a],声调为平板型。实验语料请见表 4-6。语料采集步骤请参见本书第 3 章 3.4.2 的专项纵向中介语语音语料库。

表 4-6　日语塞音实验的部分语音刺激

单音节(词首)		双音节(词首)		双音节(词中)	
ぱ[pʰa]	ば[ba]	ぱさ[pʰasa]	ばさ[basa]	あぱ[apa]	あば[aba]
た[tʰa]	だ[da]	たさ[tʰasa]	ださ[dasa]	あた[ata]	あだ[ada]
か[kʰa]	が[ga]	かさ[kʰasa]	がさ[gasa]	あか[aka]	あが[aga]

＊下画线部分为语音刺激
＊来自中国日语学习者中介语语音语料库(刘佳琦,2022)

4.2.3.4 数据分析

本研究感知部分主要分析学习者与母语者的日语清浊塞音的感知正确率。生成部分主要观察学习者和母语者的日语清浊塞音的 VOT 正负类型比例以及 VOT 值分布情况。感知和生成界面关联的分析中,作者首先分析了日语学习者的清塞音感知正确率与生成 VOT 值之间的关系,其次分析了日语学习者的浊塞音感知正确率与负 VOT 生成比例之间的关系。

作者参照 Lisker and Abramson(1964)的方法测量了 VOT,运用 SPPAS(Ver. 1.8.6)并结合人工检验对语音刺激进行标注后,利用 ProsodyPro(Xu,2013)分层提取语音刺激的声学参数值。作者使用 R(R Core Team, 2021)进行数据整理、统计分析、数据可视化。

4.2.4 实验结果

4.2.4.1 感知实验结果

日语母语者的日语塞音感知正确率以及学习者在两个学习阶段的塞音感

知正确率如图 4-4 所示。通过比较日语清塞音(voiceless stops)的感知结果 (见图 4-4 左),作者发现学习者第二阶段(stage two)比第一阶段(stage one) 的正确率有明显提升。配对样本 t 检验结果为:词首(Initial) $t(68) = -3.41$, $p < .01$,词中(Non-initial) $t(68) = -3.59$, $p < .001$。与此相比,日语浊塞音 (voiced stops)的感知正确率却无显著提高(图 4-4 右)。配对样本 t 检验结果 为:词首 $t(68) = -0.03$, $p = .98$(n. s.),词中 $t(68) = 0.33$, $p = .75$(n. s.)。

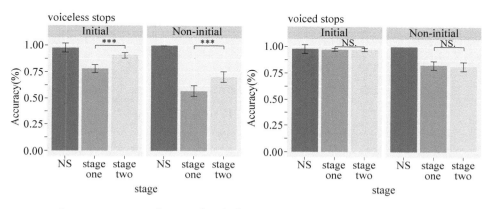

图 4-4　日语母语者、日语学习者第一阶段与第二阶段的感知正确率比较

4.2.4.2　生成实验结果

日语塞音生成实验的描述性统计结果,即日语母语者和日语学习者(两个阶段)的塞音 VOT 均值及 VOT 正负类型比例如表 4-7 所示。作者选用线性混合效应模型来检验以下自变量对因变量(塞音生成 VOT 正负类型比例)的影响。本实验将有声性(有声或无声)、词中位置(词首或词中)以及 VOT 正负类型 (正或负)、阶段(母语者、习得第一阶段或习得第二阶段)为自变量,采用 R 语言 nlme 包 lme 函数进行统计分析。通过最大或然率(Maximum Likelihood) 比较,研究发现阶段具有主效应($\chi^2(1) = 9.84460$, $p < .01$)。更有意思的是,阶段、有声性与 VOT 正负类型之间存在交互效应。作者利用 R 语言 emmeans 包 emmeans 函数分析了该交互效应。结果显示母语者与学习者在生成浊塞音时,负 VOT 生成频率有显著差别。日语母语者的负 VOT 比例显著大于学习者第一阶段($t(938) = -4.89$, $p < .001$)和第二阶段($t(938) = 4.74$, $p < .001$)。然而学习者的两个阶段间不存在显著差别($t(938) = -0.37$, $p = .71$(n. s.))。

表 4-7　日语塞音的 VOT 平均值(ms)与 VOT 正负类型比例

有声性	词中位置	VOT 正负类型	日语母语者		日语学习者（第一阶段）		日语学习者（第二阶段）	
			VOT (SD)	VOT %	VOT (SD)	VOT %	VOT (SD)	VOT %
有声浊塞音（voiced）	词首	−VOT	−74(24)	64%	−100(34)	21%	−95(33)	22%
		+VOT	20(7)	36%	21(11)	79%	21(8)	78%
	词中	−VOT	−52(14)	69%	−86(31)	16%	−81(28)	19%
		+VOT	19(9)	31%	20(8)	84%	20(8)	81%
无声清塞音（voiceless）	词首	−VOT	0	0%	−86(NA)	0%	−64(17)	2%
		+VOT	39(22)	100%	61(26)	100%	56(21)	98%
	词中	−VOT	0	0%	−58(17)	4%	−70(22)	3%
		+VOT	22(9)	100%	36(23)	96%	36(20)	97%

4.2.4.3　塞音感知与生成界面关联的分析结果

为了分析学习者在不同习得阶段的塞音感知与生成界面关联的动态发展，作者选用线性混合效应模型来检验①学习者在两个习得阶段的清塞音感知正确率与生成 VOT 值之间的关系，②学习者在两个习得阶段的浊塞音感知正确率与负 VOT 生成比例之间的关系。

首先，作者以清塞音的感知正确率，习得阶段（STAGE，第一阶段或第二阶段）、词中位置（POSITION，词首或词中）为自变量，以生成 VOT 值为因变量，采用 R 语言 nlme 包 lme 函数进行统计分析。通过最大或然率（Maximum Likelihood）比较，发现感知正确率具有主效应（$\chi^2(1) = 47.10$，$p < .0001$）。然而感知正确率，习得阶段和词中位置之间不存在交互效应。作者使用 R 语言 effects 包 allEffects 函数描绘了日语清塞音感知与生成界面的动态发展（见图 4-5）。从图 4-5 可以看到无论第一阶段或第二阶段，且无论塞音位于词首或词中，学习者的清塞音感知正确率与生成 VOT 值始终呈现稳定的正相关关系。换言之，学习者的清塞音感知正确率越高，生成时塞音 VOT 值就越大，反之亦然。

接着，作者以浊塞音的感知正确率，习得阶段、词中位置为自变量，以负 VOT 生成比例为因变量进行统计分析（方法同上），结果发现感知正确率具有

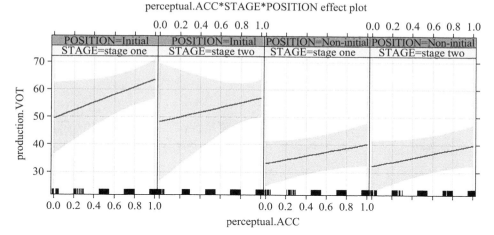

图 4 - 5　日语清塞音感知与生成界面的动态发展

主效应（$\chi^2(1) = 4.99$，$p = .0255$）。更值得关注的是感知正确率，习得阶段和词中位置之间存在交互效应（$\chi^2(1) = 5.41$，$p = .02$）。作者用 R 描绘了日语浊塞音感知与生成界面的动态发展（见图 4 - 6）。从图 4 - 6 可以看到当塞音位于词首时，第一阶段与第二阶段的负 VOT 生成比例呈现出不同的动态变化趋势。在习得第一阶段，学习者的浊塞音感知正确率越高，负 VOT 生成比例越低（见图 4 - 6 左 1）。而习得第二阶段时，学习者的浊塞音感知正确率越高，负 VOT 生成比例也越高（见图 4 - 6 左 2）。随着习得时间的累积，词首浊塞音的

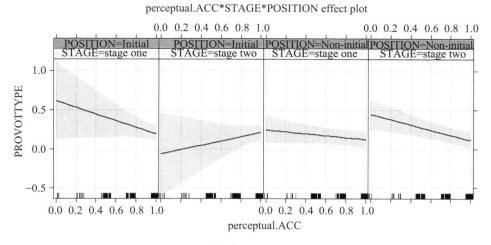

图 4 - 6　日语浊塞音感知与生成界面的动态发展

感知与生成界面关联呈现出显著的动态变化。然而词中浊塞音的感知正确率与负 VOT 生成比例间并没有随着习得推进呈现出显著变化。

4.2.5　讨论

4.2.5.1　日语塞音感知习得的动态发展

日语清塞音感知实验的结果显示无论清塞音位于词首还是词中,随着习得的推进,感知正确率均有显著提高。正如 Jiang(2018)所述,目标语言的音位判定实质上是学习者感知分析语音声学特征的过程,也是与人脑现存语音范畴的匹配过程。刘佳琦(2019)的实验结果也验证了这个论点,初级日语学习者的清塞音感知正确率与感知实验语音刺激声学特征(VOT 值)之间有正相关关系。这说明学习者以语音刺激的声学特征为依据来判定目标语言的塞音音位。然而刘佳琦(2019)的研究并没有开展追踪实验,进一步讨论清塞音感知判定能力的动态发展路径。本研究比较了学习者两个习得阶段的实验数据,发现清塞音的感知正确率有显著提升。日语塞音感知习得的动态发展说明学习者在习得进程中不断重复分析日语清塞音的声学特征(如 VOT 值及其分布),并与先前语言的塞音体系进行匹配对比,目标语言塞音感知判定标准与范畴正逐渐形成。

另外实验结果也发现从习得第一阶段到第二阶段,学习者的浊塞音感知判定正确率无显著变化。从图 4-4 可见,学习者词首浊塞音的感知正确率较高(约 97%)。本研究学习者的 L1 汉语普通话和 L2 英语(特别是词首)为送气性语言,区别清浊塞音音位的主要声学参量是 VOT 值的大小及其分布。这与目标语言日语的有声性塞音体系存在显著差异。学习者能敏锐地捕捉到目标语言(日语)与先前语言(汉语普通话与英语)间存在显著差异的浊塞音声学特征。此项感知实验的结果符合 SLM(Flege, 1995)的预测,即相对于语言间的细微相似性,明显的差异性更有利于目标语言的语音习得。那是因为新的或与先前语言相差较大的语言现象更容易被学习者察觉感知到。据此,作者认为如果学习者能分辨出 L3 与先前语言(L1 和 L2)之间的明显差异,并将两者区分为两类音,则有利于 L3 感知范畴的建立。然而本研究结果也证明学习者从习得初级阶段发展到初中级阶段,对日语浊塞音的感知判定无明显变化。

4.2.5.2　日语塞音生成习得的动态发展

日语塞音生成实验结果显示,学习者的日语浊塞音生成存在一定困难。主要表现为浊塞音的负 VOT 生成比例显著低于母语者,且两个习得阶段间无明显变化。本研究的学习者 L1 汉语普通话与 L2 英语塞音体系共享送气性语言特征,与 L3 日语浊塞音的声带前振特征存在明显差异。学习者生成不同于L1、L2 的 L3"新语音"比较困难,与母语者的生成结果存在较大差异。这与清水克正(2012)的研究结果也有相似之处,该研究发现 L1 泰语、L2 英语的日语学习者难以利用自身发音器官正确产出日语浊塞音。虽然实验参与者的母语各异,但目标语言的习得过程拥有相似特征。鉴于此,作者认为有必要从语音普遍性来全面考量浊塞音的生成机制。从历史上的语音分布来看,有声阻塞音的存在总是以无声阻塞音的存在为基础(窪薗晴夫,2003)。从调音生理机制来看,由于空气动力学有声性制约(Aerodynamic Voicing Constrain),浊塞音(特别是词首)的有声性(prevoicing)难以启动和维持(Ohala, 1997),这是人类生成浊塞音的普遍生理机制。这些研究结果说明浊塞音的生成标记性较高,而清塞音的生成标记性较低。这与本研究 L3 日语学习者的语音生成实验结果是一致的,学习者的 L3 浊塞音的负 VOT 生成比例显著低于母语者。基于以上的讨论,作者认为这可能是先前语言塞音体系的跨语言影响和语音普遍性的共同制约。虽然 Liu and Lin(2021)对 L1 汉语普通话、L2 英语、L3 日语初级学习者的研究也发现学习者很难生成负 VOT 的日语浊塞音,但没有开展追踪研究。本研究在此基础上采集了学习者在两个习得阶段的塞音生成数据。实验结果显示,浊塞音的生成并未随着习得推进发生显著变化。习得初期与初中期之间,浊塞音的生成困难无明显改善。

4.2.5.3 日语塞音的感知与生成界面的动态发展

日语清塞音的感知与生成实验结果显示,学习者的感知正确率与生成VOT 值之间存在正相关关系,即学习者的清塞音感知正确率越高,生成 VOT值就越大。感知与生成界面间存在明显关联,感知习得可以预测生成习得。Liu and Lin(2021)调查了 L3 初级日语学习者的塞音感知与生成界面关联。研究结果显示两个维度间存在正相关关系。本研究在此基础上讨论了不同习得阶段的界面关联的动态发展,结果显示清塞音感知与生成的界面关联性在习得初级与初中级阶段均存在,相关性较为稳定,不受习得阶段影响。

日语浊塞音的感知与生成实验结果显示,词首浊塞音与词中浊塞音之间呈现出不同的动态发展模式。当浊塞音位于词首时,学习者在习得初级阶段的感知正确率越大,负 VOT 生成比例越小;而当习得过渡到初中级阶段,感知正确率越大,负 VOT 生成比例越大。虽然在感知实验和生成实验结果中,并未发现浊塞音的习得特征随着习得时间积累呈现出明显的动态变化,然而事实上两个维度的界面关联已经发生了动态发展。

在外语语音习得研究领域,到底是感知先行还是生成先行,一直是争论的焦点(Flege, 1995;清水克正,2012;Hanulíková et al., 2012;Nagle, 2018)。二语语音习得领域的 Nagle(2018)调查了英语母语者的 L2 西班牙语塞音习得动态发展,发现大部分学习者经过约 1 个学期的学习,感知水平达到近似母语者水平。然而实验群的生成发展轨迹显示,尽管参与者的浊塞音生成已经有进步,但是仍然没有达到西语母语者 2 个标准差下限。该研究结果证明了外语语音感知与生成习得发展的不同步性。三语语音习得领域的 Liu and Lin(2021)汇报了初级日语学习者的塞音感知与生成习得界面关联。本研究在先行研究的基础上,从三语语音习得的角度分析了语音感知与生成的界面问题,结果显示出两者界面关联的发展既有稳定性又有复杂动态性。

4.2.6 结论与今后的课题

本研究利用【中国日语学习者中介语语音语料库】之"专项纵向库—多语者的初级日语塞音纵向语料库"(刘佳琦,2022)的数据,针对 L1 汉语普通话、L2 英语、L3 日语学习者进行了两轮清浊塞音感知与生成习得追踪实验,旨在弄清多语学习者的第三语言塞音感知、生成及两维度间界面关联的动态发展模式。实验结果发现①随着习得的深入,日语清塞音感知判定能力有明显提升,而浊塞音的感知发展变化不明显;②日语浊塞音的生成存在显著困难,且初级与初中级阶段间无显著变化;③日语清塞音的感知与生成界面关联呈现稳定的正相关关系,而词首浊塞音感知与生成的界面关联随着习得时间的增加呈现出动态变化。本研究尝试了在跨语言视域下讨论多语学习者的习得表征,实证研究结果显示目标语言与先前语言的声学特征差异有利于感知判定。然而新语音特征(prevoicing)的生成却存在一定困难,这可能是先前语言塞音体系的跨语言影响和调音普遍性的共同制约。另外,本研究还尝试从多语语音习得的视角对感知与生成的界面关联的动态发展进行了推敲。结果显示出两者界面关联的复杂性及动态性。值得关注的是清塞音的感知与生成界面呈现显著且稳定的正相关性,有效促进了日语清塞音的习得。更有意思的是浊塞音的感知与生成界面关联随着习得时间增加发生了显著动态发展,然而界面关联的动态发展没有或尚未直接反映于感知及生成表征。在跨语言视域下的语音教学实践中,教师须条分缕析学习者的母语、已学外语、目标语间的语音类型特征及匹配关系,充分理解感知与生成界面关联的复杂动态性,才可能有效地帮助学习者在多语语境中构建目标语言的新语音空间。

　　本研究也存在一些局限,是作者下一步的工作重点。首先,本研究只采集了两个时间点的语音习得数据,今后应该增加数据采集时间点,才能更准确地描绘语音习得动态发展的全景。另外,全面测试参与者的所有语言是多语言习得研究的重要且有效范式,今后应该增加参与者的所有先前语言(L1 和 L2 的感知与生成)语音数据,这样才能更好地说明目标语言与先前语言之间的跨语言影响及互相渗透现象。

4.3　面向中国学习者的日语音段教学研究

　　本节用实验语音学的方法并结合中介语理论来研究日语教学中的语音问题。本节首先总结了中国日语学习者的日语音段(元音与辅音)习得特点,其次提出可以用实验语音学的方法实现语音可视化教学,从而改进学习者的发音问题。本节运用了唇形图、调音截面图、IPA 元音舌位图、MRI 核磁共振调音动画摄影及声学分析等方法,分析了元音「う」、清化元音、清浊塞音、舌尖闪音和舌尖鼻音以及音节尾鼻音的可视化教学方案。本节研究的目的在于:通过语音可视化教学研究和实践,加强学习者的发音自我监控及反馈能力。

4.3.1　引言

　　近年来,在日语教学领域中,语音教学作为后起之秀越来越受到学习者和教学者的重视。语音教学研究也成为相关领域关注的焦点(刘佳琦,2011;刘佳琦,2012)。笔者针对中国的日语语音教学现状进行了调研,所有被调查者皆表示"有必要开展语音教学"。但从中也发现语音教学存在着诸多问题,比如教学时间较短、语音教材匮乏、教师缺乏语音教学专业知识等。教师的语音教学和发音指导大多处在"发现错误,及时纠正"的水平,极少有计划地开展系统性的发音指导和训练(刘佳琦,2012)。

　　另外,在语音习得过程中,有的学习者单凭听觉信息很难明确区分一些相似度较高的二语语音特征;也有的学习者在习得中存在感知过程和产出过程的不一致现象。而实验语音学是一种证据导向模式,它提供的语音细节可以为语音的习得和教学带来新的可能性。因此如何利用实验语音学的方法,融合多感官信号,合理且科学地开展日语语音教学,便成了日语教育研究领域的当务之急。

本研究在中介语语音习得研究成果的基础上,将实验语音学的方法和思路引入教学实践中,探索日语语音教学的新路径。本研究的目的在于:①明确中国学习者的日语语音习得特征,有针对性地提出语音可视化教学实践方案;②利用实验语音学的方法,实现语音可视化,从而提高语音教学效率和学习者的发音习得意识,增强学习者的发音自我监控及反馈能力。

4.3.2 基于中介语理论的日语语音习得和教学研究的发展与现状

以往的二语语音习得研究大多都是以对比分析研究(Lado,1957)为理论基础,先对学习者的母语和目标语进行对比分析,试图用两者的异同来解释语音习得的各种表征。但学者们渐渐发现对比分析研究理论存在一定局限性,无法全面地解释语音习得的各层面问题。后来学者们又把视线转向了学习者,提出了学习者偏误分析研究理论。但由于该理论过度专注于偏误而导致无法把握整个习得过程和顺序,又受到了不少学者的诟病。与此相比,中介语理论能够较全面系统地阐明语言习得过程中的各种表征,同时也能兼顾正用和偏误两方面问题。因此,近年来,日语语音习得在研究动向上有了很大的变化,理论框架逐渐转向中介语(Interlanguage)研究。

4.3.2.1 中介语理论框架下的日语语音习得研究

中介语理论是由 Selinker(1972)最先提出的,他主张从母语过渡到目标语言过程中的语言体系——中介语,同时受到母语和目标语言的共同影响。中介语随着学习的进程不断变化,有可能慢慢向着目标语言靠拢,也有可能磨损、倒退,甚至可能在某一阶段形成石化。Tarone(1987)提出影响中介语发展的因素是多样的,其中包括母语正负迁移(negative or positive transfer from the first language);母语习得顺序(first language acquisition process);语言普遍性(language universals);对新规则的过度概括(overgeneralization);近似化(approximation);回避(avoidance)等。

在中介语理论框架下，以前无法说明的习得现象得到了合理的解释，语音习得研究也从表征深入到本质。关于音段习得的代表性研究有：朱春跃（2010）的元音「う」的调音特征研究、福冈（1995）的清浊塞音感知和产出习得研究、刘佳琦（2005，2010）的清浊塞音感知习得研究、大久保（2010）「ナ行」和「ラ行」的感知习得研究等。这些研究从生理调音方式、母语迁移、语言习得普遍性、感知与产出的相关性等视角出发，开展了动态性实证研究。

4.3.2.2　日语语音教学研究的发展与现状

近二十年来，日语语音教学法研究有了迅猛的发展。从单纯模仿跟读，发展到如今①日语清化元音、节律和音高重音的可视化韵律图「プロソディーグラフ(Prosody Graph)」（串田等，1995；河野等，2004）；②简化描绘音高曲线来实现语音可视化的「ピッチカーブ(Pitch Curve)」（中川，2001；中川等，2009）；③利用身体肌肉的紧张和放松来解释发音问题的「ブェルボトナル法(Verbo-Tonal System)」（クロード、ロベルジュ木村，1990；川口，2008）。这些教学法既有理论基础，又有后期的教材研发和教学实践。但这些语音教学研究成果大多呈现 Top-Down 顺序，因此更适用于韵律类超音段层面的习得与教学。

近十年来，在日语语音教育界受到瞩目的教学法或教学资源还有：①基于工作记忆模型提出的影子跟读（Shadowing）（玉井，2005；户田、刘，2007）；②线上日语音高重音词典 Online Japanese Accent Dictionary（OJAD）（峯松等 2012）；③大规模开放型网络教学资源 MOOCs edXwaseda Japanese Pronunciation for Communication（JPC）课程（户田，2016）。

4.3.3　语音可视化教学的方法与思路

在国内外语语音可视化教学研究领域，相关研究成果有，庄等（2011）的 BetterAccent Tutor 与英语的超音段音位可视化教学研究、刘（2012）的可视化语音软件对二语及多语塞音音征 VOT 习得促进作用的实验研究、刘等（2013）的基于语音可视化的英语模仿朗读教学实验研究等。这些研究从不同角度验证了语音可视化对二语语音习得和教学的促进作用。除此之外，笔者认为语音可视化不仅需要声学软件提取物理参数，还应该考虑唇形图、调音截面图和元音舌位图等多元化视觉呈现方式。

4.3.3.1　语音可视化教学的方法—实验语音学方法的运用

最近，随着电脑技术的发展，语音分析变得越来越简单便捷。我们可以方便地从网络上下载声学分析软件,比如 Praat、Audition、WaveSurfer 等。学习者可以使用此类软件将自己的语音参数和母语者进行比较,在视觉上直观地了解两者的异同,发现问题并及时纠正。本文主要利用实验语音学的方法与思路,探索日语语音教学的新路径。本文中运用声学分析软件 Praat 6.0 (http://www.fon.hum.uva.nl/praat/),来提取语音的声学参数,观察、比较语音材料。Praat 6.0 的特征如下:

① 全世界使用最多的声学分析软件;

② 可以用来提取并分析共振峰、时长、频率、音压、音强、振幅等声学参数;

③ 可以输入既定参数来制作合成音;

④ 可以设计、编写并运行脚本,完成批处理自动运算;

⑤ 可以制作脚本,进行感知实验,自动采集正确率和反应时长等数据。

除此以外,本节中还提到了调音截面图、国际音标 IPA(the International Phonetic Alphabet)中的元音舌位图和核磁共振动画摄影 MRI(Magnetic Resonance Imaging)等可视化手段。

4.3.3.2 可视化教学的思路——听觉信息和视觉信息的交互关系

心理学家 McGurk & MacDonald(1976)发现人类在感知语音时,视觉信息和听觉信息之间会互相影响,这被称为 McGurk Effect。人们在看到发"ga"嘴型的同时,听到"ba"的声音,然而最后的感知结果却是"da"。之后,学者们基于 McGurk Effect 的发现,开展了一系列心理语言学和神经语言学实验。Stein B.,ed(2012)总结道:多感官信号会影响人脑对语音的感知。当听觉信号和视觉信号不一致时,人脑会自动合成跨两种信号之间的结果。然而当听觉信号和视觉信号一致时,人脑听觉和视觉功能区处理的语音信号将融合在一起,放大语音刺激,从而促进语音的感知和产出。

这一结果给予语言习得和教学一定的启示。教学者和学习者在语音教学和习得的过程中,运用听觉信号和视觉信号的交互关系,可以使单凭感知难以揭示的语音隐性特征呈现表征化,从而提高语音教学效率和学习者的发音习得意识,增强学习者的发音自我监控及反馈能力。

4.3.4 实验语音学的方法在日语音段教学中的应用

本节中,作者在总结归纳中介语音段习得研究成果的基础上,探讨实验语音学的方法应用于日语语音教学的可能性。本文主要聚焦中国学习者的习得难点，包括元音「う」、清化元音、清浊塞音、舌尖闪音和舌尖鼻音、音节尾鼻音「ん」的习得和教学问题。

4.3.4.1 元音的习得与教学

（1）元音「う」的习得与教学

以汉语为母语的日语学习者在元音习得过程中，「う」的非圆唇性特征一直被认为是习得难点。然而，朱（2010）利用核磁共振动画摄影等研究手段，对汉语和日语的元音音位/u/唇形、舌位等进行了一系列对比研究。研究结果表明，日语元音/u/并非"非圆唇后高元音"而是"央高元音"且伴有轻度圆唇（见图4－7）。日语元音「う」在 IPA 元音舌位图中的位置如图4－8所示。因此，我们有理由认为日语元音「う」的调音关键是舌位的前后，而不是其非圆唇性特征。

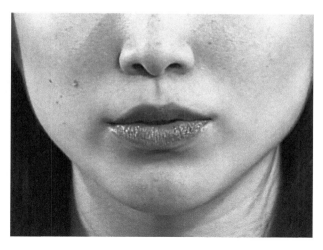

图4－7　日语元音「う」的唇形（国际交流基金 2009）

在这之后，寺田（2015）运用声学实验的方法，针对中国日语学习者的元音习得进行研究。其结果也显示，日语「う」的第二共振峰频率（F2）比汉语/u/的数值大。这也说明日语「う」的舌位比汉语/u/靠前。

因此在日语「う」的语音教学中，可以利用图4－7的唇形图、图4－8的元音舌位图以及图4－9的 MRI 调音动画，呈现元音可视化。通过母语与目标语言的舌位上下以及前后位置的视觉对比，明确两者间的相似性和差异性，使得元音习得更直观。

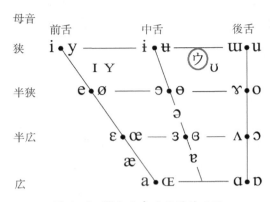

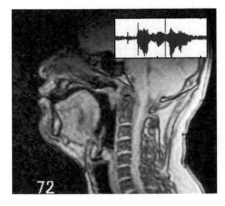

图 4-8　IPA 元音舌位图的日语
元音「う」的相对位置

图 4-9　MRI 核磁共振成像下的
「う」的发音姿态
（国际交流基金 2009）

（2）清化元音的习得与教学

由于受到人类语音产出和感知生理机制的制约，高元音比较容易发生清化现象。我们分析学习者的中介语元音特征可以发现，清化元音的感知是习得难点。清化后的元音能量较弱，语音信息较难捕捉，这会影响感知效率。特别对于初级阶段的日语学习者来说，相对于其他习得项目，清化元音的感知习得比较滞后。因此，运用语音可视化的方法呈现清化元音和非清化元音的语图，可以帮助初级学习者理解元音清化现象，提高感知效率。图 4-10 为「ひとつ」的宽带语图，其上层为波形图，中层为宽带语图，下层为语音标注层。观察图 4-10，我们可以发现「ひとつ」的「ひ」的语图中只有辅音，没有元音共振峰，这表明「ひ」的元音[i]发生了清化。而与此相反，「ひとつ」的「つ」的语图中既有元音又有辅音，这说明此音节未发生元音清化现象。在语音可视化呈现的基础上，学习者应反复进行感知训练。与此同时，教学者可以有的放矢地导入元音清化现象的相关音系知识。

4.3.4.2　辅音的习得与教学

与元音相比，辅音的习得和教学研究的可操作性更强。因为元音的收紧点较为隐蔽，只有通过 MRI 或 WAVE(Aurora WaveSpeech Research System)等特殊仪器才能实现即时可视化。然而，辅音根据其调音部位和调音方式不同，在声学上会呈现出明显的音征。这类声学特征也是区分辅音类型的有力证据。因此与元音相比，利用辅音音征的声学参数可以更有效且方便地进行习得和教

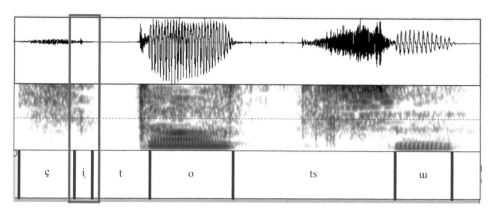

图 4-10　「ひとつ」中元音清化现象的语图

学研究。本节归纳并分析清浊塞音、舌尖闪音与舌尖鼻音、音节尾鼻音的习得以及教学问题。

（1）清浊塞音的习得与教学

关于日语清浊塞音习得的研究已取得较多成果。迄今为止的先行研究涵盖了调音、声学、感知等各个领域。声学方面的研究有杉藤、神田（1987），福冈（1995）等，感知方面的研究有山本（2006），刘（2005）。综合调音、声学和感知三方面的研究有朱（1994），该研究首次运用生理语音学的方法，通过调查嗓音的口腔气流和声门上下压力等声学参数，来解释清浊塞音的产出机制。这项研究对日后的语音习得研究具有重要的指导意义。

在对比语言学理论框架下开展的清浊塞音习得研究的数量较多。这些研究通过比较汉语与日语在语音体系上的异同，来解释习得过程中的正用和偏误现象。当目标语言和母语的塞音体系不同时，学习者很可能受到母语语音体系的干扰，自觉或不自觉地用母语中的某个相似音进行代用（Tarone，1987）。这些研究从母语迁移和偏误分析的视角出发，在一定程度上解决了习得和教学的难题。在此基础上，刘（2005）的研究从中介语理论的角度出发，阐明了语言习得普遍性对清浊塞音习得也存在一定的影响。特别是在元音间清塞音的感知习得方面，无论学习者的母方言语音体系中有无相似音素，都容易产生清浊混淆现象。

在实验语音学中，我们一般通过塞音的 VOT（Voice Onset Time）来区分有声或无声音征（Lisker & Abramsn，1964）。所谓 VOT，是代表时长的声学参数，它表示从气流释放到声带开始振动所需要的时长。我们可以通过 VOT

数值的正负与大小来判断和描述塞音的有声性。如图4-11所示,A为日语清送气音[tʰ],VOT=+47.1ms;B为日语清不送气音[t],VOT=+26.5ms;C为日语浊音[d],VOT=-51.4ms。日语清音A和B的VOT大于0,说明气流释放点早于声带振动起始点,而日语浊音C的VOT小于0,说明声带振动起始点先于气流释放点,即发浊塞音时,声带在持阻阶段已经开始振动。这也是我们在感知上区别清浊塞音的重要音征。

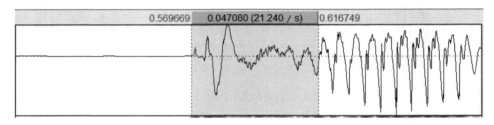

图4-11-A　日语清送气音[tʰ],VOT=+47.1ms

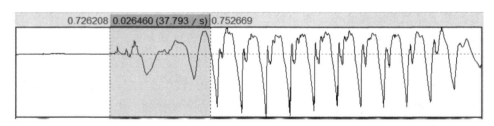

图4-11-B　日语清不送气音[t],VOT=+26.5ms

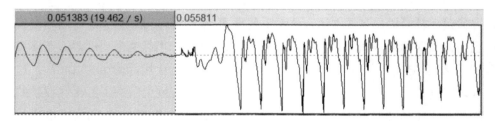

图4-11-C　日语浊音[d],VOT=-51.4ms

在中介语习得理论的框架下,我们通过比较母语者和学习者、不同习得阶段的学习者之间的塞音VOT参数,就可以明确判断塞音的有声性。这种办法比人工感知判定更客观,也可以配合统计分析,有效把握学习者的动态习得过程及其突变点。另外,通过大量采集分析母语者VOT数值,我们还发现位于词首的浊塞音往往会清化,而位于元音中间的浊塞音则更容易保持负VOT数值。因此作者建议在浊塞音的发音教学中，先导入位于元音中间的浊塞音则更有利于习得。

（2）舌尖闪音和舌尖鼻音的习得与教学

中国学习者在习得日语舌尖闪音[ɾ]和舌尖鼻音[n]的过程中，经常产生混淆。这种混淆不仅出现在语音产出层面，也常出现在感知层面。特别是以福建、广东、四川和重庆等地的方言为母方言的学习者尤为突出。大久保（2010）在中介语理论的基础上开展了一系列语音感知实验。其结果显示，无论在词首还是词中，「ナ行」和「ラ行」的双向混淆现象都较严重。该研究还指出，语音产出和感知习得的不一致性，即有的学习者能够听辨但不能正确发音，而有的学习者能够发音却存在听辨混淆。由此可见在教学中，教师必须首先判断学习者的习得问题出现在产出层面还是感知层面，才能有的放矢地解决混淆现象。

这两类辅音的调音部位都在舌尖齿龈处（见图4-12），而不同之处在于调音方式。[ɾ]是闪音，舌尖弹闪至齿龈后，立即弹开，并且在发音过程中鼻咽通道始终关闭。[n]是鼻音，舌尖始终与齿龈接触，并且在发音过程中软腭必须下降，从而打开鼻咽通道，使得鼻腔也产生共鸣。教学者和学习者在教学与习得过程中，可以使用图4-12的调音截面示意图和MRI调音成像来理解两类音的调音过程。

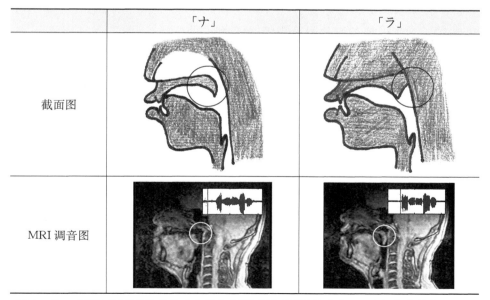

	「ナ」	「ラ」
截面图		
MRI调音图		

图4-12　日语[n]和[ɾ]的截面示意图和MRI调音图（刘佳琦2013，国际交流基金2009）

（3）音节尾鼻音的习得与教学

日语的大部分音节是 CV（C：consonant，V：vowel）结构，形成自立拍。在音系节奏上，一般认为每个自立拍（也叫 mora）所占时长相等，即日语节拍的等时性特征。除了自立拍，日语节律中还有一种特殊拍（拨音 N、长音 R、促音 Q），也记作音位，其原则上保持与自立拍一样的时长。其中 CVR 和 CVQ 结构的音节中牵涉到时长音征，属于超音段范畴。本节中着重分析音节尾鼻音（即 CVN 结构的音节）的习得与教学问题。

音节尾的鼻辅音又称拨音，从中介语理论中的语言习得普遍性特征来看，与 CV 结构音节相比，CVN 结构音节（拨音）属于标记性特征，存在一定习得难度。我们可以通过辨别和同定实验，明确学习者的感知范畴界限，以便在教学中帮助其确立语音感知和产出基准。在语音教学中，我们还可以使用声学分析软件，对 CVN 结构中鼻音部分的音征进行观察和比较。

朱春跃（2010）利用核磁共振成像技术对日语/aN/和汉语/an//ang/在不同语境下的调音模式进行了综合考察。研究结果显示：汉语/an//ang/中的韵腹/a/受后续鼻辅音的协同发音（co-articulation）的影响较大，根据后续鼻辅音的调音部位不同，韵腹/a/的舌位前后移动较为明显。而日语/aN/中的元音/a/的舌位和舌形都相对较为稳定。该论文中也做出了合理解释：这是由于日语以音拍为基本节律单位，拨音在节律上具有一定的独立性，而汉语的鼻音在音节中作为韵尾，和韵腹的关系密切，缺乏独立性。

在日语语音教学中，我们应该利用拨音和非拨音的音系对立来开展教学。首先，我们可以运用 MRI 动画，直观地观察日语/aN/和汉语/an//ang/在不同语境下的调音过程。其次，我们还可以利用线性预测法（Linear Prediction Coding）和傅立叶分析（Fourier Analysis）来观察鼻化元音的反共振（antiresonances）现象，从视觉上来区分鼻化元音和口元音的音系对立。最后，我们还可以通过宽带语图来区分日语中的拨音和非拨音的音系对立（图 4-13）。如图 4-13 所示，A 图「かしん」的「か」中是单元音，而 B 图中「かんしん」的「かん」中是元音[a]加上鼻音[ŋ]，从元音共振峰和音节时长上都可观察到两者的显著区别。

4.3.5　结语与今后的课题

本节首先总结并归纳了中国日语学习者的音段习得研究成果，其次提出利

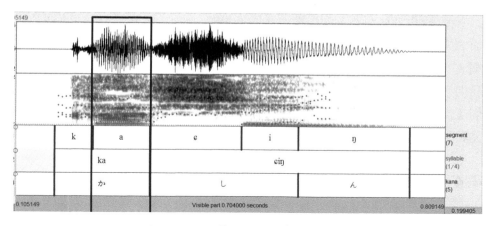

图 4-13-A 「かしん」的声学分析语图

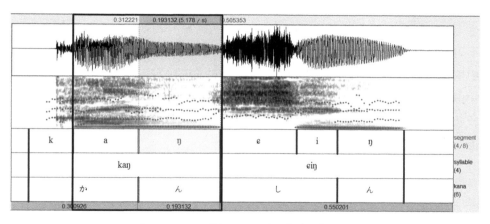

图 4-13-B 「かんしん」的声学分析语图

用声学分析软件 Praat、调音截面图、唇形图、MRI 核磁共振调音成像等手段，实现语音可视化教学的思路。本节主要分析了中国学习者的习得难点，包括元音「う」、清化元音、清浊塞音、舌尖闪音和舌尖鼻音、音节尾鼻音「ん」的习得和教学问题。文中还提出了利用听觉信号和视觉信号的交互关系，提高学习者的发音学习意识，增强发音自我监控和反馈能力。当然，教学者在教学中利用主观感知来判定和纠正学习者的语音也是必不可少的。与实验语音学的方法相比，这种感知判定方法更便捷实用。但是主观感知方法有一定的局限性，非母语教学者或初级学习者对自身的感知判定基准缺乏信心。因此作者认为理想的解决方案应该是，结合实验语音学和主观感知两种方法，取长补短，更合理地解决语音教学中的实际问题。

另外,作者认为要更深层次地开展语音教学研究,还需要关注以下两个方面的问题。①从人脑的认知层面出发,我们可以通过功能核磁共振(fMRI)和脑波仪等实验手段,研究语音感知和产出的机制。②从语言的语用层面出发,我们必须认识到语音教学的目标就是为语言交际服务。为了实现这个目标,我们还需要开展一系列的语音感知和产出实验,研究语音在语言交际活动中的功能和意义。

4.4　面向中国学习者的日语超音段教学研究

本书讨论了如何利用声学分析技术来实现有效的日语超音段教学。在外语语音教学中利用声学可视化技术可以有效整合视觉和听觉模态信息,促进学生对抽象语音信号和音系规则的认知,并通过人机互动提高语音教学与学习效率,提升自我监控能力。基于此,本书首先爬梳了第二语言习得理论框架下的中国学习者日语超音段(节律、词调、句中及句末语调)习得研究成果;其次针对中国学习者的习得问题提出了观察、比较、合成语音的声学参数进行日语超音段教学的具体方法;最后探讨了声学可视化技术在日语超音段教学中的应用价值与实践可行性。

4.4.1　引言

"有效教学"是外语教学界一直以来最关注的问题。吴诗玉、黄绍强(2019)指出有效的外语教学首先应该根植于本土环境,并且应具有针对性、差异化与个性化以提高学生的获得感。外语教育界对于有效教学理论、模型与方法的积极探索也从未停歇。如近年来陆续推出的"'续'理论"与有效外语教学(王初明,2014,2015)、"产出导向法"的中国特色(文秋芳,2017)、"以意义交流为核心"的阅读和讨论教学模型(Reading for Discussion Model, RfD model)(吴诗玉、黄绍强,2018,2019)、从复杂动态系统理论谈有效外语教学(郑咏滟,2019)等。这些研究成果既有厚实的理论基础又具切实可行的实践价值,为今后的"有效的外语教学"研究提供了范式、指明了方向。

一直以来,外语教学法受到语言学理论思潮的影响,不断地发生着变迁,从20世纪初的语法翻译法发展到近年颇受关注的重形式教学(Focus on Form),即偏向语言形式的明示性教学法(Long & Robinson, 1998; Ellis, 2016)。重形式教学的理念在外语语音和音系教学中显得尤为重要。有研究证明,外语学习者必须经历长期且有针对性的发音训练才能从根本上有效地解决外语发音问题(DeKeyser,1998)。本书所提出的语音教学中"声学可视化",也基于重形式教学的理念,即通过声学分析软件视觉化呈现语音参数,利用听觉和视觉模态的相互作用,实现语音形式的明示性教学,从而有效提高学习者的语音习得意识。

近年来,日语语音教学领域也在拓展思路、积极探索有效教学与学习方法。实证研究证明,模仿跟读法(即教师提供模范发音,学习者进行模仿发音)无法有效地改善学习者发音问题(河野俊之、松崎宽,1998)。之后,学者们基于可视化理念开发了プロソディー・グラフ(韵律图)(河野俊之等,2004)和ピッチカーブ(音高弧线)(中川千惠子等,2009),它们既有理论基础,又有后期的教材研发和教学实践研究(刘佳琦,2018a)。这些语音教学法虽然拥有不同的表层形式,但基本理念都是试图通过声学可视化,引导学习者整合视觉和听觉模态信息,从而提高语音习得和教学的效率。但上述方法也存在弊端,那就是语音知识点和语料局限于教材,且非母语教师很难通过自省方式利用这些方法进行语音教学。这也使得现存的教学法无法得到广泛普及。与现有的教学法相比,声学可视化技术适用于任何语音语料,并且能够有效地帮助学习者或非母语教师客观观察声学可视化数据,理解语音特征并练习发音,从而培养发音自我监控(self-monitor)能力,为可持续性学习奠定基础。

本节在日语语音习得研究成果的基础上,探讨在语音教学实践中运用声学可视化技术的具体方法及其可行性。本节首先讨论声学可视化技术在外语语音教学中的价值;其次针对中国学习者的日语语音习得特征探讨声学可视化技术在日语律律、词调、语调教学中的有效应用。本节的目的在于:①促进二语语音习得研究成果与语音教学实践的结合;②明确声学可视化技术应用于日语语音教学的具体方法。

4.4.2　声学可视化技术与外语语音教学

4.4.2.1　听觉模态与视觉模态的信息交互

心理学家早在 1976 年就发现人类在感知语音时,视觉信息和听觉信息之间会互相影响,比如,听者会受到屏幕上正在发/ga/这个音的嘴型的干扰,将/ba/错听为/da/,这种现象被称为麦格克效应(McGurk & MacDonald,1976)。学者们发现麦格克效应是人类拥有的普遍感知机制,并基于此效应开展了一系列语言学实验。研究发现,口唇运动的视觉信息是婴儿获得并理解母语语音的重要依据(Melzoff & Kuhl, 1994; Patterson & Werker, 1999);听觉模态与视觉模态的结合能有效提高人类的语音处理能力(Massaro, 1998; Grant & Seitz, 2000)。以上这些来自心理语言学与神经语言学领域的研究结果,启发学者们将视觉和听觉模态结合起来运用于外语语言习得和教学。在第二语言习得与教学研究方面,de Bot(1983)首次将双模态语音教学法应用于荷兰人英语学习者,并报告了教学法的有效性和可行性。之后,Hardison(2004)针对学习法语的英语母语者开展调查,也验证了音高曲线对外语语调习得的促进作用。陈文凯(2013)对中国英语学习者的超音段语音习得和教学方法进行了讨论,建议在教学中应该结合多感官/多模态形式(如视觉、听觉、触觉等)。文中还特别指出我们应该尝试利用声学分析方法,将相关语料的声学信息以视觉和听觉相结合的方式呈现给学习者。

刘佳琦(2018a)指出,初级学习者往往难以依据听觉信息区分某些相似的语音对立(比如日语的长音与短音、促音与非促音)。我们可以结合语音的听觉信息和视觉信息,使得语音对立的抽象性特征呈现表征化,从而提高学习者的外语发音意识,促进发音自我监控能力的生成。刘佳琦(2018b)运用到唇形、口腔调音器官截面图、元音舌位图、调音动画及声学分析等方法,讨论了日语中的部分元音、清化元音、清浊塞音、舌尖闪音和舌尖鼻音以及音节尾鼻音等的音段层面可视化教学方案。该文章讨论了实验语音学的方法和思路在日语音段(元音与辅音)教学中的应用。本节将在此基础上,进一步探讨声学可视化技术在日语超音段(节律、词调、语调)语音教学中的应用价值和可行性。

4.4.2.2 超音段语音特征与主要声学参数

随着科学信息技术发展,语音研究在设备和方法上都有了巨大突破。特别是在声学分析方面,我们可以免费从互联网下载到各类优质声学分析软件。本节中运用声学分析软件 Praat 6.0 (Boersma & Weenink 2009)(http://www.fon.hum.uva.nl/praat),来提取语音的声学参数。由于篇幅限制,Praat 的基本操作方法(语音数据的导入、保存、编辑、标注等)可参照 Praat 操作手册

(http://www.fon.hum.uva.nl/praat/manual/Intro.html)。

在日语超音段的语音可视化方面,我们主要观察节律(rhythm)、词调(accent)与语调(intonation)的声学参数(见表 4-8)。日语中的长短音与促音是日语节律的典型特征,我们可以通过观察和比较音长(duration)属性实现可视化。日语词调和语调(句中和句末)主要通过实现音高(pitch)的可视化来观察和比较邻近节拍的相对高低与变化趋势。

表 4-8　超音段语音特征与主要声学参数

超音段语音特征		主要声学参数
节律	长音和短音	音长
	促音和非促音	音长
词调		音高
语调	句中语调	音高
	句末语调	音高

(1) 音长声学特征的可视化

图 4-14 是声学分析软件 Praat 的编辑窗口,显示的是日语五个基本元音的波形图(最上层)、宽带语图(中层)、标注(最下层)。图 4-14 的 A 部分数字表示该语音(元音[a])的音长为 0.354 秒。当然单一音节的音长在语音教学中的意义并不显著。我们可以通过比较前后音节音长等来更好地理解日语的节律特征。4.4.3.1(1)和(2)分别介绍了日语长短音与促音非促音的音长声学特征可视化方法及其教学应用。

(2) 音高声学特征的可视化

图 4-14 中 B 部分框中的曲线代表日语五个基本元音的音高及其高低变化趋势。根据日语的语音特点,我们可以通过比较词中邻近音节的相对音高的高低来判断词调,通过比较句中或句末的相对音高的高低以及变化趋势来判断语调。4.4.3.2 与 4.4.3.3 分别详细分析了声学可视化技术在日语词调和语调教学中的应用方法。

4.4.3　声学可视化技术在日语语音教学中的有效应用

本节将举例并分析日语语音习得的研究成果,并在此基础上探讨声学可视

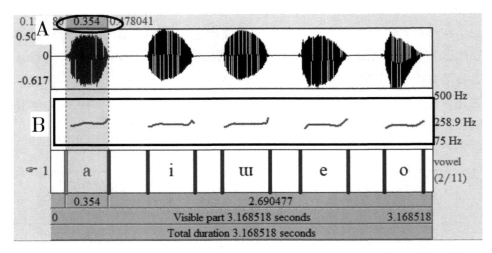

图 4 - 14　音长与音高声学特征的可视化(作者使用 Praat 6.0 制作)

化技术在日语语音教学中的有效应用方法。

4.4.3.1　日语节律的习得特征与可视化教学

　　日语节律的特征主要表现为节拍(也叫 mora)的等时性。节拍分为自立拍和特殊拍。其中自立拍由 CV 结构组成(C 为辅音、V 为元音),而特殊拍则包括长音、促音、拨音。由于特殊拍缺乏独立性,因此一般不单独出现而是依附于自立拍,原则上也占一拍音长。在日语中特殊拍皆为音位,具有区别语义的功能。

　　从标记性区分假说(Markedness Differential Hypothesis)(Eckman,1977)来看,特殊拍的标记性明显高于自立拍,习得难度也较大。在语音教学中,我们可以使用声学分析软件,和学习者一起对特殊拍的音长进行测量和比较,增强并提高他们的发音意识,同时促进自我监控能力的形成和完善。为了有效地协助学习者确立日语语音对立(如长音和短音、促音和非促音)的感知和产出基准,我们还可以通过辨别(discriminate)和同定(identify)方法(Liberman et al.,1957)进行训练,帮助学习者建立感知范畴边界。以下分别阐述长音和短音、促音与非促音的习得及教学问题。

　　(1)　长音和短音的习得特征与可视化教学

　　关于长短音习得问题的代表性研究主要有内田照久(1993,1994)、栗原通世(2006)和岚洋子(2013)。研究结果显示,日语母语者对长短音的判定主要取决于元音音长,当元音音长超过一定阈值范围,日语母语者就将其判定为长音。而日语母语者和学习者对于长短音的区分标准存在明显区别。学习者在习得初级阶段,对日语长短音的范畴感知边界并未形成或还不稳定,因此很难准确区分长短音。栗原通世和岚洋子的研究结果还表明,与日语母语者相比,中国学习者会将日语中较短的音节误判为长音,而日语水平的高低对长短音习得的影响并不显著。换言之,长短音的感知和产出不能在自然习得过程中得到有效改善,必须有意识地开展相关项目的集中性教学。这一结果也再次验证了重形式教学法的有效性和必要性。

在教学中,我们可以通过运用声学分析软件,提取含有长短音的最小对立元的音长参数。学习者通过观察并比较该类语音数据的音长参数,实现语音的可视化学习。例如,图 4 - 15 展示了同一发音人的日语长短音发音。图 4 - 15 - A「よかん(予感)」(预感)的短元音 /o/ 的音长约为 112 ms,B「ようかん(洋館)」(洋馆)的长元音 /oː/ 的音长约为 246 ms。通过图 4 - 15 中的 A 和 B 的比较,学习者可以直观地理解长短音在音长上的区别。在此我们还必须注意的是,在比较不同发音人的长短元音音长时,由于每个发音人的语速不同,最好选用元音音长占该音节音长的比值作为观测对象。

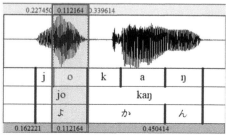
A　短元音单词的语图

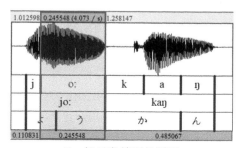
B　长元音单词的语图

图 4 - 15　同一发音人的长短音的音长比较(作者使用 Praat 6.0 制作)

另外,在教学中切忌一味地教授或练习长音,必须同时练习长音和短音的语音对立体系。这样才能让学习者更好地从视觉和听觉模态层面来理解长短音时长的差异,构建并完善日语中介语语音格局。

(2) 促音和非促音的习得特征与可视化教学

户田贵子(1998)从范畴感知角度出发,开展了日语促音习得的实证研究。实验中,她首先利用声学软件延长或缩短促音音长,制作了合成语音刺激。然后,她将合成语音刺激按照上升序列和下降序列排序,让日语母语者和学习者完成辨别感知测试。实验结果显示:母语者的范畴感知边界清晰且稳定,而学习者的范畴边界模糊;且随着日语学习时间和经验的积累,学习者的感知范畴边界会渐渐清晰稳定,并越来越接近母语者。无独有偶,刘菲(2013)通过实验调查了中国学习者的促音产出和感知习得特征。结果显示,学习者判定促音所需的持阻音长显著小于母语者,并且促音音长较易受节律类型(轻重音节的排列组合)的影响。这从一个侧面也说明,和长短音习得一样,学习者判定促音和非促音的范畴基准还未形成或还不稳定。这些研究结果表明,参与目标语言的感知和产出训练,加大加强目标语言的输入量,可以帮助学习者逐渐形成稳定的范畴感知模式,从而提高感知和产出的自然度。本桥美树(2010)对日语学习者进行分组教学,其中一组为视觉和听觉相结合的多模态教学实验组,另一组为一般教学参照组(单听觉模态教学)。通过比较教学前后测的数据,研究者发现双模态语音教学对日语擦促音(比如,/ss/)感知有显著促进作用。

　　在促音习得和教学研究成果的基础上,我们可以运用声学分析的方法,做出促音和非促音单词的语图,让学习者在语图中直观地观察促音的持阻音长,比较促音和非促音的音长参数差异(见图4-16)。图4-16展示了促音和非促音的最小对立元。左侧图 A 是非促音「わた(綿)」(棉絮),右侧图 B 是促音「わった(割った)」(切割),其中 Q 表示促音的持阻阶段。又如图4-17所示,从左到右有 10 个「いっぱい」(满满地)的合成音连续统。我们将其中促音部分的音长从 50%～150%均匀地缩短或拉长,每个合成音之间相差 10%的促音音长(合成音制作可参照 Praat 操作手册)。这样,我们就可以调节促音音长,制作合成语音刺激,让学习者进行辨别或同定感知练习。这样的教学法基于听觉信

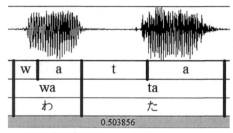
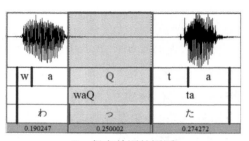

A　非促音单词的语图　　　　　B　促音单词的语图

图4-16　同一发音人的促音和非促音的音长比较(作者使用 Praat 6.0 制作)

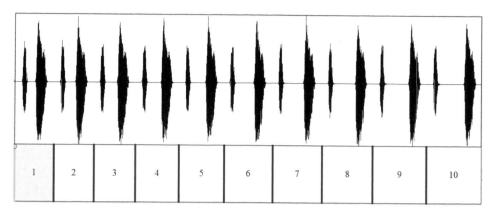

图 4-17　促音的合成语音刺激「いっぱい」(满满地)(作者使用 Praat 6.0 制作)

息和视觉信息的交互作用,可以有效促进学习者理解目标语言的语音特征。基于先行研究的结果,我们可以预测:大量的二语感知和产出活动将有助于范畴感知体系的建立,并促进语音自我监控能力的生成和完善。

4.4.3.2　日语词调的习得特征与可视化教学

本节首先梳理中介语理论框架下的日语词调习得研究成果,并在此基础上探讨声学可视化技术在词调教学中的应用。

(1)　日语词调习得的研究成果

日语词调习得的相关研究大多秉承了对比分析研究的观点,认为由于汉语和日语词调体系及基本单位的不同,造成中国人学习日语词调时,音高变动频繁且幅度较大(杨立明,1993;朱春跃,1993;尤东旭,2002)。但之后许多语言学家发现对比分析研究成果无法预测或解释所有习得表征,存在一定局限性。与此相比,基于中介语理论的研究成果能够较全面系统地阐明语言习得过程中的各种表征及其成因。因此近年来日语词调习得的研究框架已经从以往的对比分析转向了中介语习得理论,其中具有代表性的研究有:针对巴西学习者(助川泰彦,1999)、韩国学习者(中东靖惠,2001)、母语背景各异的学习者(山田伸子,2007)、中国北京和上海方言人学习者(刘佳琦,2010、2012)等的日语词调习得研究。

刘佳琦(2011a,2011b)从学习者的母方言和词调习得的普遍性等多角度出发,研究北京和上海方言人的日语词调产出习得特征。实验数据表明,无论是正用还是偏误,标记性较低的"起伏式词调"的生成率要显著高于标记性较高的"平板式词调"。该实验结果说明语言普遍性因素很大程度上会影响二语词调习得。研究结果还显示母方言的声调体系也会影响二语词调习得。因此,我们必须多角度地全面剖析中介语语音习得特征并究其原因,才能在教学中更有效地预测或解释习得表征,从而科学且有针对性地解决习得问题。

（2）日语词调的可视化教学

在词调可视化教学中我们必须注重日语中平板式和起伏式词调的音系对立。首先,教学者可以先从词调的辨别和同定感知练习着手。比如选用「さ\け(鮭)」(鲑鱼)和「さけ(酒)」(酒)、「きる(着る)」(穿着)和「き\る(切る)」(切割)、「服を着る」(穿衣服)和「髪を切る」(理发)等最小对立元开展感知练习,让学习者从视觉和听觉上领会认识到词调的差异会带来语义的不同。比如图4-18-A和B方框中的语音标注都是[sake],在词调韵律赋值前,两者完全相同。但是通过观察图中音高曲线,便可以明确区分A是起伏式词调的「さ\け(鮭)」(鲑鱼),音高曲线由高到低,呈下降趋势;而B则是平板式词调的「さけ(酒)」(酒),音高曲线由低到高,呈上升趋势。我们还可以利用声学分析软件来合成语料的词调,比较音高的变化对词调重音感知的影响。当然,影响词调的感知

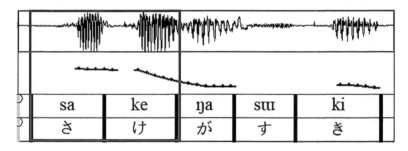

图4-18-A 起伏式词调的「さ\け(鮭)」(鲑鱼)的音高曲线(方框中曲线所示)

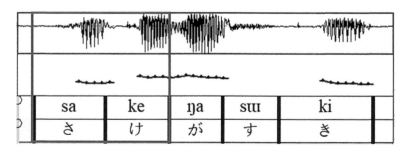

图4-18-B 平板式词调的「さけ(酒)」(酒)的音高曲线(方框中曲线所示)

(作者使用 Praat 6.0 制作)

和产出的参数不仅只有音高基频，还包括音长和音强等多个参数。然而就日语而言，各拍之间的相对音高是确定词调类型的重要依据。因此，我们有理由认为音高参数在日语词调的感知和产出中起到关键性作用。

4.4.3.3　日语语调的习得特征与可视化教学

语调不仅能表达语义，而且能表达说话人的语气和情感，在语言交际中起到至关重要的作用。一般认为，决定语调的关键语音参数是音高。但其实除了音高，语音的音长、音强，甚至音色也与语调的感知和产出息息相关。另外句子的语调和单词的词调也有着密不可分的联系。日语的语调一般分为句中语调和句末语调。句中语调的主要功能是使句子通顺自然，并且强调说话人想要表达的语义。句末语调的主要功能则是说话人抒发或传达情感，又或对听话人施加影响。本节中分别探讨句中语调和句末语调的习得研究成果以及可视化教学方法。

（1）句中语调的习得特征与可视化教学

日语句中语调的音高曲线形状和日语假名「へ」十分相似（藤崎博也1989）。因此，日语的句中语调又被称为「への字型」（へ字型）语调。朱春跃（2015）指出，句子层面的日语句中音高主要表现为"词调短语（accent phrase）"和"语调短语（intonation phrase）"。刘佳琦（2020）把这两种短语形象地比喻为"大山坡"和"小台阶"，两者关系密切。句中语调就像是一座山坡上的下山台阶，逐次下降直至句末。

平野宏子（2006，2009）开展了一系列日语朗读实验，分析了中国日语学习者的句中语调产出特征。实验结果表明，学习者全句音高幅度窄于日语母语者，并且在此音域中呈现时高时低的音高变化曲线，无明显「への字型」（へ字型）的曲线走势。这与日语母语者存在显著差异，母语者以词调短语为单位，全句语调的音高曲线呈「への字型」（へ字型）变化趋势。

在教学方面，中川千惠子（2001）提出「への字型」（へ字型）音高曲线的简化法"ピッチカーブ（音高弧线）"。如图 4-19 所示，左侧是通过声学分析软件直接提取的音高曲线，右侧是在左侧图的基础上简化后的音高弧线。中川主张将语调短语中的音高变化进行简化处理，以减轻学习者的学习负担。经简化后的音高曲线便于绘制，因此音高弧线被认为是声学可视化技术在教育实践应用中的成功案例。但是问题在于对于非母语教学者来说，依据自身的听觉感知结果来绘制音高弧线也并非易事。与此方法相比,本节讨论的声学可视化技术可以有效帮助非母语教学者直观地观察语调的高低位置及其变化趋势。

图 4-19 简化前后的音高弧线(作者参考中川千惠子等(2009)制作)

(2) 句末语调的习得特征与可视化教学

在句末语调习得方面,有研究指出中国日语学习者的日语语调过度起伏现象严重(周锦樟,1992)。中国初级日语学习者对句末语调的升降不太敏感,感知正确率低于日语母语者(福冈昌子,1998)。句末语调在人类语言交际活动中起到至关重要的作用。然而,关于日语句末语调的习得研究成果相对较少。

在教学中,刘佳琦(2020)为了方便教学,将句末语调分为上升型语调和非上升型语调(平调、下降调),该书中也用到音高弧线来描绘句末语调曲线的走势。除此之外,我们还可以通过声学分析软件视觉化呈现日语语调特征,更直观地观察和比较语调曲线的高低及幅度变化。图 4-20-A 和 B 是「質問は何ですか。」(问题是什么?)的宽带语图和音高曲线图,两者的区别就在于句末疑问词「か」([ka])语调曲线的走势。我们可以观察到图 4-20-A 的句末语调呈上扬趋势,表达疑问的语气。而图 4-20-B 的句末语调则呈下降趋势,表达抱怨或不满的语气。除了让学习者观察和比较句末语调曲线,我们也可以改变基频等声学参数,制作不同语调类型的合成语音材料来开展感知和发音练习,并与期望表达的语气或情感进行匹配。

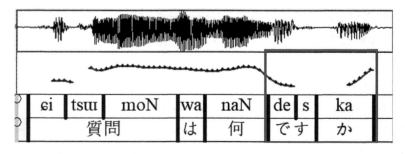

图 4-20-A 「質問は何ですか。」(问题是什么?)的句末上扬语调(方框中曲线所示)

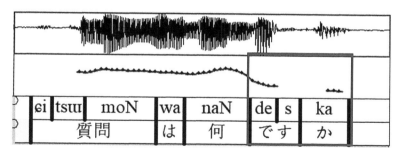

图 4 - 20 - B　「質問は何ですか。」(问题是什么?)的句末下降语调(方框中曲线所示)

(作者使用 Praat 6.0 制作)

4.4.4　结语与今后的课题

　　本节提出了基于声学可视化技术来实现有效语音教学的方法。我们可以通过听觉信息和视觉信息的双模态交互关系,来提高学习者的发音学习意识,培养他们的发音自我监控和反馈能力。本节首先梳理了国内外日语语音习得与教学的研究成果及发展趋势,其次有针对性地讨论了声学分析技术应用于日语语音可视化教学的细节、价值和可行性。本节举例并分析了中国学习者的日语语音习得难点,包括长短音与促音的节律、平板式与起伏式词调、句中与句末语调的习得特征和可视化教学等问题。我们可以在视觉层面观察音长、音高频率等参数来匹配语音感知结果。通过语音教学的双模态化体验,促进目标语言的听觉信息与视觉信息的交互作用,从而提高教学与习得成效。

　　就高校日语专业教学而言,语音教学一般都被设置于学习入门阶段,其主要形式为教师教授五十音图、讲解单音的调音特征及词调类型等音系知识。教学内容多偏向音段层面,方法单一乏味,使得教学效果不尽如人意。这也是促进我们开展本研究的重要原因。本书研究认为有效的外语语音教学首先应该符合学习者习得特征与发展模式,其次应该具有一定的针对性、差异化及个性化以提高学习者的发音意识和自我监控能力。基于声学可视化技术的双模态教学方法为学习者提供了从视觉和听觉等多角度观察、比较语音细节的机会,使得学习者不仅能更好地把握外语的语音特征,而且能有效提高发音学习的意识。学习者通过实践还可以激活整体语言资源和元语言意识。

　　但与此同时我们通过实践也发现学习者之间存在接受度的差异,有少数同学认为计算机操作过程有些烦琐。这也提醒我们在教学中必须充分理解学习者之间的个体差异,有的放矢地开展语音可视化教学。利用声学分析方法实现语音可视化固然是一种较科学的手段。但由于学习者之间存在学习方法偏好差异,因此我们也有必要结合声学分析和听感印象等方法,更合理且有效地解决外语语音教学中的实际问题。今后我们还有必要开展相关的教学实验研究,通过量化对比教学组与对照组的课前课后语音声学参数差异,进一步明确声学可视化教学的成效及适用范围。我们还有必要采访教学者与学习者,运用质性分析方法(如 NVivo 等)对受访者的发言进行编码、抑或使用混合式研究方法,多角度地评估声学可视化教学的有效性。

4.5　基于中介语语音语料库的语音习得与教学研究展望

以语料库为主要工具的数据驱动新范式给传统模式下的外语习得与教学研究带来了颠覆性影响。数据驱动的方法更符合语言的概率特质,既可使语言学家从鲜活的人类语言使用中发现更具解释力和预测力的语言系统运作规律,基于真实语料的人工神经网络又有助于我们理解语言知识的获得、表征和处理,从而探索大脑的工作机理和智能的产生机制。

本节从日语语音教学理论、方法与成果的三个方面入手,阐述了日语语音教学的实践历程以及展望。论文首先总结了传统语音教学法的利与弊。其中包括模仿跟读、VT、Prosody-Graph、Pitch-Curve 的理论基础、实践方法以及教学成果。其次,论文归纳了新型教学法影子跟读(Shadowing)、在线日语声调词典(OJAD)、MOOCs 大规模开放网络课程资源(JPC)及语音可视化教学的研发成果、语音语料库的应用。再次,本节结合复旦大学日语语音学课程的建设经验,探讨了课程设计、教材和教学法研发以及混合式教学模式的可能性。最后,在此基础上展望未来,提出基于中介语语音语料库的日语语音教学发展设想。

4.5.1　引言

近年来,在日语语言习得和教学领域,语音也渐渐成为重要分支。如何在繁重的语言教学任务中有效地穿插语音教学环节,则成为当今外语教学的重点和难点。本节在总结现有外语语音教学法的理论、方法与成果的基础上,结合日语语音教学的现状和实践经验,探讨语音教学中存在的问题以及亟待攻克的课题。

4.5.2　外语教学法的理论背景及其变迁

一直以来,外语教学法受到语言学理论及思潮的影响,不断发生着变化。从 20 世纪初的语法翻译法开始,发展到 20 世纪 40 年代以结构主义语言学为基础的「オーディオ・リンガル・アプローチ(Audio-Lingual Approach)」。到了 80 年代,随着功能语言学理论的兴起,人们越来越重视语言的交际功能。于是,在外语教学领域掀起了「コミュニカティブ・アプローチ(Communicative Approach)」的热潮。而当今被称为「ポスト・コミュニカティブ(Post Communicative)」时代。Long and Robinson(1998)在研究中指出,重形式教学(Focus on Form),即偏向语言形式的明示性教学法是有效的。在语音和音系教学方面尤其如此。DeKeyser(1998)的研究更指出,外语学习者的发音问题必须经过长期的集中性训练才有可能得到根本改善。

4.5.3　传统语音教学法的利与弊

在传统语音教学中最常用到的教学法是模仿跟读,即教师提供模范发音,学习者跟着模范发音进行模仿练习。但是,近年来的教学实践研究成果显示,有时即使学习者反复进行模仿跟读练习也无法有效改善发音问题(河野、松崎,1998)。从认知科学的角度来分析,我们就可以得知,事实上,模仿跟读并非我们想象的那么简单机械。人脑各个功能区须经过“感知—认知—产出”的复杂过程才可能实现看似简单的模仿跟读。无论哪个环节出问题,都会影响模仿跟读的效率。因此,试想让日语初级学习者先听辨自己和模范发音的不同,再改善自己的发音,这样尝试的结果大多是不理想的。这是因为初级学习者刚开始接触日语语音体系,还没有建立明确的感知和产出范畴基准,单凭模仿跟读方法较难改善其发音。

近二十年来,日语语音教学法有了迅猛的发展。从单纯模仿跟读,发展到如今①利用身体肌肉的紧张和放松来解释发音问题的「ヴェルボ・トナル法(Verbo-Tonal System,以下简称 VT 法)」(川口,2008;崔春福、冉诗洋,2022);②日语节律和音高重音的可视化韵律图「プロソディーグラフ(Prosody-Graph,以下简称 PG 法)」(河野等,2004);③简化描绘音高曲线来实现语音可视化的「ピッチカーブ(Pitch-Curve,以下简称 PC 法)」(中川,2001)。这些教学法研究既有理论基础,又有后期的教材研发和教学实践经验。表 4 - 9 中归

纳了各种教学法的教育理念、特点及教材研发成果。

表4-9　语音教学法的教学理念、特点及教材研发成果

教学法	VT 法 Verbo-Tonal System	PG 法 Prosody-Graph	PC 法 Pitch-Curve
教学理念	不细分元音、辅音、音高重音、语调等语音成分，而是从语音整体入手进行教学。	与"节律→音高重音→语调"的教学顺序相反，遵循自上而下的教学顺序。通过把握音高重音核和前后音节的联动关系，掌握整体韵律变化。	主张从句子语调出发，以 Top-Down 的方式推进教学。
特点	VT 法的特点是，利用肌肉的紧张和放松感，运用肢体动作，来指导和纠正发音。但由于"紧张"和"放松"的定义较为模糊，常常受到诟病。	通过视觉呈现，可以综合理解语音的节律、音高重音、语调等信息。但是教学项目未涵盖音段问题。也有教学者指出，韵律图里包含了元音清化、长短音等节律问题及音高重音和语调等韵律问题。这使韵律图显得较为复杂，信息量过大。	由于 PC 法的音高曲线图的构图简单，不但学习者容易理解，而且教师不需要特殊仪器就可在教学中直接手绘制作。但遗憾的是，教学项目中未包含音段层面的问题。
教学项目	单音（清浊音等）、促音、音高重音、语调。	元音清化、长短音、音高重音、语调。	单词音高重音、句中词调、句中和句末语调。
成果应用	「つたえるはつおん」 （木下 2016）	韵律练习软件 Prosody Tuner （松崎 2012）	1.「つたえるはつおん」 2. OJAD 在线日语声调词典（峯松 2015）

这些语音教学法呈现自上而下的 Top-Down 顺序，这符合人类语言感知机制特征，也适用于韵律类超音段层面的习得与教学。佐藤（1995）的研究成果表明，母语者判定外国人发音好坏的决定因素在于韵律类超音段层面。因此在发音教学中，我们应该把更多的时间和精力花在超音段层面。然而针对这个观点，也有学者提出了疑问。户田（2008）认为，超音段层面的大单位问题与音段层面的小单位问题是密切相关的，一味偏重于超音段层面的教学法也是不可取的。

学者们在各自教学理念的基础上，研发了一些语音专项教材，如：图 4-21（A）河野等（2004）『1 日 10 分の発音練習』（くろしお出版）、图 4-21（B）中川等（2010）『初級文型でできる日本語発音アクティビティ』（アスク出版）。早

期的日语语音教材有图4-21(C)土岐、村田(1989)『発音聴解』(荒竹出版),为今后的日语教材研发奠定了基础。此外,值得一提的还有图4-21(D)田中、窪薗(1999)『日本語の発音教室—理論と練習』(くろしお出版),其中介绍了语音学和音系学的基础知识,从理论和实践两方面推进了语音教学。另外,图4-21(E)户田(2004)『コミュニケーションのための日本語発音レッスン』(スリーエーネットワーク)提倡语音教学应以"学习者能够用流利易懂的发音表达语义"为目标,并提出语音教学不应该是单调机械的模仿。为了更好地完成交流任务,教材中不仅设有单词和单句的发音练习,也有生活场景中的对话练习。除此以外,该教材中还针对汉语、韩语、英语等不同母语背景的学习者设计了专项发音指导,在一定程度上实现了二语语音习得研究与教学实践的接轨。

图4-21　部分日语语音教材

4.5.4　新型教学法和教学模式的研发及成果

近十年来,在日语语音教育界受到瞩目的教学法及资源有:①基于工作记忆模型提出的影子跟读（Shadowing）（玉井 2005）；②在线日语声调词典 Online Japanese Accent Dictionary（通常简称 OJAD）（峯松 2015）；③大规模开放型网络教学资源 MOOCs edXwaseda Japanese Pronunciation for Communication（以下简称 JPC）课程（户田，2016）；④语音可视化教学（刘佳琦，2018a，2018b）；⑤语音语料库在语音习得和教学中的应用（刘佳琦，2022）。

4.5.4.1　影子跟读

　　基于"工作记忆模型（Baddeley，1986）"对认知记忆的诠释，"影子跟读"作为新型的语言习得法正受到广泛的关注。"工作记忆模型"指出人类通过工作记忆这一临时的心理认知工作平台对信息进行存储和处理，从而完成复杂的认知过程（如理解、学习和推理）。Baddeley（2003）还指出"工作记忆模型"的真正机能在于语言习得。Ellis（1996）证明短期工作记忆容量大的二语学习者在认知过程中有较大优势，更容易成为高水平学习者，而同时适当的语言输入和输出也有利于扩大短期工作记忆容量。因此，扩大工作记忆容量对于二语习得和语言教学都具有积极意义。

　　而"影子跟读"的特点正是将听到的语言信息犹如影子般同时或稍晚开始重复（如图 4-22 所示）。玉井（2005）基于 Baddeley 的"工作记忆模型"，明确地阐释了"感知—认知—产出"中复杂的认知过程，从而验证了"影子跟读"在语言教学中的效果并非偶然。与"一般模仿跟读"相比，"影子跟读"能重新激活不断退化的语音表征防止其衰退，可有效增加注意度，并延长语音回路的时间，从而尽可能地最大化实现语音的储存和控制，给语音认知过程创造条件。"影子跟读"练习时，新的语音信息不断输入，一边进行语音处理一边生成。语音处理的过程则涉及短期记忆（语音刺激）和长期记忆（已学发音现象，心理词典）的对比，有利于扩大短期工作记忆容量。

　　在日语语音教学研究方面，户田（2006）发现：日语发音学习成功者大都有过"影子跟读"的经历。从这一事实可初步推断"影子跟读"对于日语语音教学也存在一定有效性。另外望月（2006）、户田、劉（2007）、唐澤（2010）的研究中也有关于"影子跟读"课程建设的报告，特别是户田、劉（2007）在"影子跟读"教学应用研究中发现，为了提高练习效果，跟读材料应选择语音清晰的旁白类语料，且应选择电化教室作为教学场所。尹松（2015）通过教师判定及声学参数的分析，验证了"影子跟读"在日语语音教学中的有效性。学者们基于以上这些先行研究成果开展了

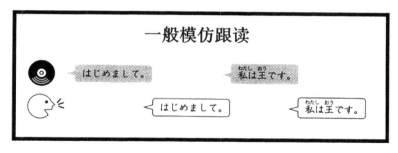

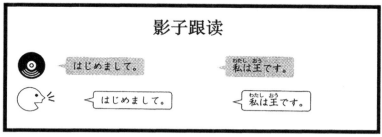

图 4-22 一般模仿跟读与影子跟读的比较（中川 2010）

相应的教材研发，其成果有，图 4-21（F）齐藤ほか（2006）『シャドーイングで日本語を話そう』（くろしお出版）、图 4-21（G）户田ほか（2012）『シャドーイングで日本語発音レッスン』（スリーエーネットワーク）等。

4.5.4.2　在线日语声调词典（OJAD）

在线日语声调词典 Online Japanese Accent Dictionary（OJAD）是日本国立国语研究所和东京大学共同研发的项目，旨在帮助学习者有效地学习日语发音。据统计，OJAD 的利用次数已经达到 1 528 万人次（2023 年 7 月止）。在发音教学中，非母语教师一般是在实践中"摸着石子过河"。即便是日语母语者，有时也很难运用音系知识或元语言知识，理性地分析母语日语的语音特征，在发音教学中感到力不从心。OJAD 的研发正是为了帮助日语教师及学习者改善日语句中音高重音和停顿等韵律的教学习得问题（峯松，2015）。

OJAD 系统中大约有 9 000 个名词、3 500 个用言（动词、形容词、形容动词）的基本形和活用形音高重音。其中一共包含 42 300 个单词音高重音。此外，OJAD 还有四个检索功能，①单词检索：可检索单词共有 12 500 个。检索结果不仅显示音高重音核位置，而且可以选择显示「ピッチカーブ」，实现语音可视化。②动词后续词检索：可检索动词后续词共有 320 种。③任意文本检索：可自动检索出任意文本中出现的用言活用形的音高重音模式。④朗读辅导员铃

木君:可用「ピッチカーブ」显示任意文本的音高重音和语调特征。检索结果的语音数据可以导出,文字数据可以打印。

OJAD 在线日语声调词典为日语发音教学提供了很多可能性。平野(2014)介绍了利用 OJAD 实现语音可视化,并针对初级学习者开展日语韵律教学的实践范例。但 OJAD 主要以日语学习者的常用教材(21 册)为基础进行研发,词汇量相对有限。这也是基于语料库开展语音教学与学习的成功案例。我们期待将来有更多的教材参与,实现更广泛的应用。

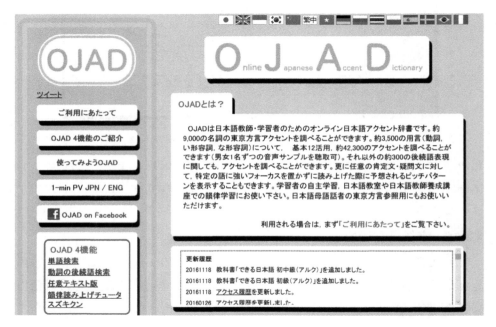

图 4-23　OJAD 的主界面

4.5.4.3　MOOCs 大规模开放网络课程资源

Japanese Pronunciation for Communication(JPC)是世界 MOOCs edX 平台上推出的首个日语发音课程(户田 2016)。针对全世界的日语学习者免费教授日语语音特点、发音技巧、学习方法及日本文化等。课程终了时还举办"发音达人"的投票评选活动。最具有特色的课程栏目是"世界日语发音教学"。该栏目邀请世界各国的日语教师介绍本国日语学习者的发音特点以及教学要点。JPC 的履修人数已达到 1 万 5 千多,被 MOOCs 平台认定为 Popular Course。在中国,学习者可以通过"学堂在线"平台上线听课(见图 4-24)。

日语沟通中的发音

戸田貴子教授　早稻田大学　日语应用语言研究院

简介　升日语发音，让你对日语对话产生信心，加入早稻田大学的户田教授，一起练习你的发音，提升日语沟通能力，成为一个自信的日语……

edX　由 edX 联盟高校提供

图 4 - 24　JPC on 学堂在线（XuetangX）

4.5.4.4　语音教学可视化

在语音习得过程中，我们发现有的学习者单凭听觉信息很难明确区分一些相似度较高的二语语音特征；也有的学习者在习得中存在感知过程和产出过程的不一致现象。因此如何融合多感官信号，合理且科学地开展日语语音教学，便成了日语教育研究领域的新课题。

心理学家 Harry McGurk & John MacDonald(1976)发现人类在感知语音时，视觉信息和听觉信息之间会互相影响，这被称为 McGurk Effect。人们在看到"ga"嘴型的同时，听到"ba"的声音，然而最后的感知结果却是"da"。之后，学者们基于 McGurk Effect 的发现，开展了一系列心理语言学和神经语言学实验。Micah M. Murray, et al. (2012：223 - 240)总结道：多感官信号会影响人脑对语音的感知。当听觉信号和视觉信号不一致时，人脑会自动合成出跨两种信号的结果。然而当听觉信号和视觉信号一致时，人脑听觉和视觉功能区处理的语音信号将融合在一起，放大语音刺激，从而促进语音的感知和产出。

这一结果给予语言习得和教学一定的启示。我们在语音教学和习得的过程中，运用听觉信号和视觉信号的交互关系，可以使单凭感知难以揭示的语音隐性特征呈现表征化，从而提高语音教学效率和学习者的发音习得意识，增强学习者的发音自我监控及反馈能力。在国内外语语音可视化教学研究领域，相关研究成果有，庄木齐、卜友红(2011)的 BetterAccent Tutor 与英语的超音段音位可视化教学研究、刘海霞(2012)的可视化语音软件对二语及多语塞音音征 VOT 习得促进作用的实验研究、刘晓斌等(2013)的基于语音可视化的英语模仿朗读教学实验研究等。这些研究从不同角度验证了语音可视化对二语语音习得和教学的促进作用。

最近，随着电脑技术的发展，语音可视化变得越来越简单便捷。我们可以方便地从网络上下载声学分析软件，比如 Praat、Audition、WaveSurfer 等。我们可以运用声学分析软件提取语音物理参数，实现可视化。学习者可以使用此类软件将自己的语音参数和母语者的进行比较，在视觉上直观地了解两者的异同，发现问题并及时纠正。除此以外，我们在教学中还可以利用调音截面图、国际音标 IPA(the International Phonetic Alphabet)中的元音舌位图和核磁共振动画摄影 MRI(Magnetic Resonance Imaging)等多种可视化手段。

4.5.4.5　语音语料库在语音习得和教学中的应用

基于语料库做的日语语音学研究已经取得了一定成果，胡昊中(2022)利用日本国立国语研究所研发的日语口语语料库(CSJ)讨论了日语自发性话语中的语音节奏问题。该研究结果表明自发性是影响日语节拍节奏的重要指标。田川、中川(2014)的研究利用 CSJ 收录的语音语料分析了东京方言形容词活用形(包括连用形、终止形和连体形)声调特征。结果显示无论哪种形容词活用形，其起伏式声调的出现频率都为平板式声调的大约 10 倍，且 3 拍或 4 拍形容词居多。以上这些基于日语母语者语料库的研究结果更能清晰且真实反映语言现实世界的客观规律，有助于研究人员或语言教学者从真实语料中发现具有预测性的线性结构规律。尤其是田川、中川(2014)的研究，其出发点源自 OJAD 的教学实践。为调查形容词活用形声调的稳定性问题，选用 CSJ 收录的日语母语者自然产出语料显然是最适切的研究工具。

通过构建中介语语音语料库可从科学的角度探索语言使用和认知的规律，也能更好地服务于需要语言规律的其他领域。本课题团队一致认为语料库首先应该收录"有价值的数据"(即经过有规划地采集且完整标注的数据)，其次应该富有活力，具有可持续发展的特征。具体表现在以下三个方面，①语音语料的可添加性；②标注系统的复用性；③面向二语语音教学的人机互动接口探索。

首先，语音语料的可添加性是语料库可持续发展的重要指标。语料库分设横向语料库与纵向语料库，又分别设置了专项(辅音、节律、声调等)语料库及综合语料库。使用者可以根据自身的研究兴趣和命题选取语料库中的适合语料，并结合各自研究目标开展研究。

其次，语料库标注系统的复用性也是语料库可持续发展的重要指标。研究者须对语料库收录的所有语料进行多维度的规范标注。标注维度包括音段与超音段基础标注，在参考了经典标注方案的同时，对中国日语学习者的中介语发音特征进行标注。语料库使用者可以直接利用语料库的标注提取所需声学参数及中介语标注，以达成研究目标，也可在现有标注系统的基础上添加、删除或更改标注,以获得符合各自研究目的的声学参数。

最后,数据赋能的外语教学方法亟待探索、研发及应用。语料库的语音数据以及标注系统,尤其是中介语语音特征的标注可为面向二语语音教学的人机互动接口研究提供基础数据。在二语英语语音习得教学领域,基于大型语料库数据构建的二语语音训练模型已应用于面向二语教学的人机互动模式。如利用中介语语音语料库可实现学习者语音偏误检测。除此以外,计算机辅助语言学习(CALL)及计算机辅助发音学习(CAPL)的飞跃式技术革新、高变异性语音训练模式(HVPT)(Thomson, 2018)的迅速普及、多模态语音训练机制的不断完善(Saito et al., 2022)也对大型语料库的构建及应用提出了更高的要求。中介语语音语料库(尤其是除英语外的多语种)如何应用于面向二语语音教学的人机互动接口将成为重要且亟待解决的课题。

综上所述,外语学科在坚守传统的同时,也必须回到鲜活的日常语言使用场景,回到现实的数智世界。因为只有这样才能发现符合真实生活的语言规律,语言学也才能更好地服务于其他产业。数智时代向语言学研究提出了严峻挑战,如何将这些挑战转变为机遇,是摆在语言学研究者和教育者面前的一项迫切任务。

4.5.5　中国的日语语音教学现状及发展

在国内,日语语音教学一般都设置于初学阶段。所谓发音阶段,教师在教授五十音图的同时,讲解单音的调音特征,音高重音类型等初步知识。教学内容多偏向音段内容,而较少涉及音高重音规则、节奏以及语调等韵律内容。由于教学时间或课程设置等的限制,也鲜有教学机构系统地开展日语语音教学。

4.5.5.1　中国的日语语音教学现状

刘佳琦(2011)针对 68 名上海高校本科日语专业学生进行了关于发音学习需求的问卷调查。由于种种原因,日语语音教学的现状不尽如人意。但学习者渴望发音指导,希望系统地学习日语语音的热情却很高。有许多学习者表示「正確な発音を勉強したい」"想学习正确的发音"、「自然な発音で日本語を話したい」"我想说日语时,发音更自然"。大多学习者都表示希望能接受系统的语音辅导,可见发音学习需求之高。同时,调查结果还显示,学习者对自身的发音问题有充分的认识。学习者认为自身的发音问题主要集中在清浊音

(27.2%),音高重音(24.3%),语调(18.4%)方面。其中特别让学习者感到困惑的是,教科书的单词列表中标注的单词音高重音不同于课文中的活用形音高重音,也就是所谓"单词词调"和"句中词调"的区别。问卷调查结果显示,多数学习者希望在这方面能得到更多的学习信息和资源。这也告诉我们,教师只指出学习者的发音问题显然是不够的。如何针对习得难点,有的放矢地帮助学习者更有效地学习发音才是语音教学的当务之急。

刘佳琦(2012,2014)针对国内日语教师开展了问卷调查。所有参加调查的教师都认为有必要开展语音教学,同时对学习者的发音问题也有一定理解。另外,笔者通过事后采访调查了解到教师的发音指导大多停留在"发现问题,及时纠正"的阶段,语音教学也受到课程设置及专业教材缺乏等问题的限制。也有教师表示发音教学较为费时费力。不仅如此,教学效果也不尽如人意,有的习得问题很难根除。因此,大部分教学时间还是花在语法、词汇和语用方面。

通过以上的调查,我们得知虽然学习者的发音学习需求很高,希望得到系统的发音辅导。但是由于课程设置、教材不足、教师缺乏专业培训等客观原因的影响,国内的日语语音教学存在一些问题,并不能满足学习者的发音学习需求。因此,为了满足学习者的学习要求,我们必须研发专业教材、改善教学法、从而利用有限的教学时间和资源高效且科学地开展语音教学。

4.5.5.2 针对中国日语学习者的语音教学研发

近几年来,复旦大学日文系针对中国日语学习者的语音教学做了一些创新和尝试。2010 年以来学校面向专业二年级本科生开设了日语语音学(选修课)课程。本节具体介绍该课程目标、内容、教材、教学法以及教学模式的研发成果和实践经验。

(1)日语语音学课程的研发

为了更好地把握学习者的学习动机和目的,教师让所有选课生填写课前问卷。在课程开始前,教师充分说明课程内容等事宜,并要求学习者制定各自的学习目标。该课程的主要特色在于:①重视日语和汉语的语音体系差异,在理解母语和目标语言体系差异的基础上,实现语音习得;②教授发音方法以及语音的学习方法,以便学习者持续自主学习;③注重培养学习者的自我监控及反馈能力,提高语音习得意识。

日语语音学课程开设至今 15 年来,共有近 300 名选课生。授课对象为复旦大学日文系二年级本科生及全校各专业跨学科选修生,日语学习时长为1个学期。全课程为17周,每周授课1次。课程大纲如表4-10所示。课程内容由语音的生成与感知机制、日语语音的习得、科学的语音学习方法,三大板块组成。①语音的生成与感知机制板块介绍语音学的研究对象和范畴、语音的生成和感知机制,帮助学习者理性地了解语音的本质。②日语语音的习得板块针对中国日语学习者的难点和重点,提出了8个设问,并设置了练习环节。具体内容包括清浊塞音、特殊拍、音高重音规则、句末与句中语调、口语中的音变及外来语音系规则。③科学的语音学习方法板块的内容包括影子跟读、语音可视化、网络平台及语音语料库资源。这将为学习者的自主学习奠定基础。该课程的配套教材《日语语音学教程》(图4-21(H))(刘佳琦,2021)融合了语音教学的理论与实践,从语音的概念和日语音系入手,制作添加了丰富多样的教学与练习资源。

表4-10　日语语音学课程大纲

三大板块	时间	课程内容主题
语音的生成与感知机制	第1周	什么是语音?(语言学意义上的语音范畴及功能)
	第2周	什么是语音学?(语音学的研究范畴、研究方法与实例)
	第3周	语音的生成机制 (语音产出生理机制、国际音标IPA、日语的元音和辅音)
	第4周	语音的感知机制(语音感知的生理机制及特征)
日语语音的习得	第5周	清浊音为什么难学?(浊音和清音)
	第6周	促音"っ"有声音吗?(节奏、拍、音步)
	第7周	促音"っ"到底占多长时间?(特殊拍的声学特征)
	第8周	单词的音高重音只能靠死记硬背吗? (音高重音的概念、特征、分类、功能、规则及变化)
	第9周	词调和语调一样吗? (音高重音与语调,语调的概念和功能)
	第10周	句中停顿,可以删除吗?(语调与停顿、强调)
	第11周	"わらんない"和"わかりません"一样吗? (口语的语音特征)
	第12周	外来语的发音和原语有什么区别? (外来语的语音特征)

三大板块	时间	课程内容主题
科学的语音学习方法	第 13 周	影子跟读的方法及练习
	第 14 周	基于声学分析技术的语音可视化
	第 15 周	OJAD 在线日语声调词典的应用
	第 16 周	MOOCs edX JPC 网络平台资源的应用
	第 17 周	基于中介语语音语料库的语音学习

（2）针对中国日语学习者的教学法研发

在中国日语学习者的中介语语音习得研究方面，我们已经获得了较多研究成果。然而，在此基础上的语音教学法研发却显得有些薄弱。日语语音学课程建设中，教学者致力于实现习得研究成果与语言教学的接轨。比如，日语清浊塞音的习得问题一直困扰着教学者和学习者。先行研究也指出，中国日语学习者在习得日语塞音体系/b//d//g/和/p//t//k/的过程中，常常出现清浊混淆。而刘佳琦（2011）的研究发现学习者的母方言塞音体系也会影响二语语音习得。Major and Kim（1999）的研究提出 Similarity Different Rate Hypothesis（SDRH 假说），在习得目标语言时，与母语相似度低的特征比相似度高的特征更易习得。也就是说，与母语相似度较高的目标语言特征更容易受到母语体系影响，造成母语与目标语混淆。刘佳琦（2011）的研究结果也验证了这个假设。因此，在日语塞音体系的教学中，教学者必须首先让学习者理解母语、母方言与日语塞音特征的异同。汉语普通话是送气清音和不送气清音的对立体系，而日语的塞音则是浊音和清音的对立体系。汉语普通话的语音体系里原则上只存在清塞音，不存在浊塞音。

日语语音学课程中，教学者针对中国日语学习者设计了清浊塞音的教学方案。首先，教学者讲解汉语和日语塞音体系的异同；接着，教学者介绍语音练习方法（VT 法、先行鼻音发音、利用中国方言的方法），学习者根据各自情况练习清浊塞音。除此之外，节律及音高重音规则等的教学上也积极地导入语音习得研究的成果。实际上，我们在学习外语时，会不自觉地将母语与目标语言进行比较。在教学中，我们可以将存在于大脑内部的语言比较过程表征化，从而有效促进习得。

（3）混合式教学模式的探索

在日语语音教学中，教师不但需要摸索科学高效的教学法，还必须运用新型的教学模式。日语语音学的课程建设中运用了混合式教学的思路。

1）在线课程混合教学模式

课程积极导入了在线教学平台 MOOCs edX waseda 联合开发上线的 Japanese Pronunciation for Communication(JPC)（详见本文 4.5.4.3）。2017 年春季开始，教师在教授课程内容的同时，首先要求学生在课前观看 JPC 的相关教学视频，熟悉相应的音系知识和发音规则。接着，在面授课程中进行应用练习和个别答疑。

2）影子跟读教学实践

教师在教学中运用了影子跟读教学法。首先，教师介绍影子跟读的原理和方法，并做模拟练习。然后，教师结合课程内容，选择相关的影子跟读素材，进行发音练习。学生在课前预习跟读内容，课上进行练习并录音。教师收集跟读录音，于课后给予学生适当的反馈。跟读练习内容时长 2 分钟，类型包括简短对话、文学作品、纪录片旁白等。教师通过利用课上的碎片时间进行影子跟读练习，并要求学生课后一边对照教师的反馈意见，一边听自己的发音。这样的反复练习不仅能拓展学习者的工作记忆平台，还可以帮助学习者增强自我监控和反馈能力，有利于今后的自主学习。

3）语音可视化教学的可能性

作者认为语音习得和教学之所以被敬而远之，主要是由于其抽象性。与词汇及语法相比，语音既不能被看到，也不能被摸到。因此，课程中我们有必要尝试运用实验语音学的方法融合多感官信息，实现语音的可视化。在音段教学中，我们可以展示唇形口型图、调音截面图、MRI 调音动画及 Praat 声学分析图，运用语音可视化的方法进行发音指导。在超音段教学方面，我们可以提取并观察音长、音高频率和音强等参数，实现语音可视化。我们也可以改变基频等声学参数，制作不同音高重音和语调类型的合成语音来开展辨别和同定感知训练。

4.5.5.3　语音自我监控能力的培养

Wenden(1991)曾指出，整个语言学习过程必须不断重复自我评价及自我监控能力的培养。据刘佳琦(2012)的语音学习策略调查的结果，我们得知语音习得度较高的学习者都曾采用"自我评价策略"。他们在接受自然语音信息的同时,不断监控并评价自身的语音产出结果、调整语音产出过程,从而实现更好的语音习得效果。因此,在教学过程中,教师不仅要提供高质量的信息输入,还必须给学习者提供产出的机会,并及时给予反馈。日语语音学课程中,教师利用多媒体教室 SANAKO Lab 100 收集学生录音,并上传至 e-learning 教学辅助平台。课程要求学生听自身发音,并与母语者原声进行比较,从而培养学习者的语音自我监控能力。课程尾声,教师组织学生分组发表课程论文,并要求学生进行互评。互评内容包括论文内容和语音评价(单音、节奏、音高重音、语调)。通过学习者之间的互评,不仅有利于开发深度学习,而且为学习者提供机会,有意识地听他人发音,从而培养并增强其语音监控能力。

4.5.6 中国日语语音教学的课题与展望

本节梳理了日语语音教学理论、方法与成果,归纳了语音教学的现状及存在的问题。虽然各教育机构已经开始重视日语语音教学,但还有许多课题需要攻关。刘佳琦(2011,2012)的问卷调查结果显示,大部分教师都认为有必要开展语音教学。但实际上,语音教学大都集中在语言入门阶段。很少有教育机构持续地进行系统性语音教学。小河原(1993)就母语者对外语学习者的语音评价机制进行了研究。其结果显示母语者对初级学习者的发音容忍度较高,而对高级学习者的发音问题就显得不那么宽容。因此尽管学习者在入门阶段曾学习过语音相关知识,但由于缺少进一步系统性学习的机会,发音问题一直无法得到改善,这也直接影响母语者对其语言水平的评价。随着学习的深入,甚至可能发生语音石化现象。我们有理由认为,日语语音教学的当务之急就是有计划地开展系统性语音教学。

除此之外,科学且有效的语音教学法也是值得关注的问题。从谷口(1991)的调查,我们得知发音指导其实是最让日语教师头疼的教学项目。刘佳琦(2012)以中国的日语教师为对象开展了采访调查。有的教师表示自己缺乏语音教学的专业知识、不太理解教学法、对发音教学信心不足,大部分教学还是采取模仿跟读的方法。本节中 4.5.3 探讨了普通模仿跟读的利与弊,也明确了传统教学中常常运用的模仿跟读并不能解决所有的发音问题。教师必须有能力发现发音问题,并分析其成因,然后运用科学的教学法有的放矢地进行发音指导。因此,在开设语音课程的同时,对教师的专业技能培训也是不容忽视的。

最后,笔者认为要更深层次地开展语音教学实践,还需要关注以下三个方面的问题。①从语音习得层面出发,我们必须继续研究中介语语音特征,并反馈于教学实践;②从人脑认知层面出发,我们可以通过研究语音感知和产出的动态发展机制,研发更高效的教学法;③从教学资源层面出发,我们必须积极利用网络平台上的高质量教学资源。通过在线教学等技术手段,实现以学习者为主体的教学模式。

附录1　本语料库语音标注系统的韵律标签一览

Tone 层	H*＋L	单词音高重音	标记在音高重音核所处的节拍上
	*？	单词音高重音不确定	标记在不确定音高重音核的节拍上
	％(w)L	句首边界	标记在停顿后的音高重音短语开头。当开头的第1音节为重音节或音调核时,标记为 wL％
	H－	句首上升	标记在开头第2节拍处。当开头第1或第2节拍为音高重音核时,不使用"H－"。
	(w)L％	简单边界调	标记在无音高变动的音高重音短语末端。当后续音节为重音节或音高重音核时,标记为％wL 。
	H％	复合边界调（上扬调）	标记在音高上扬的边界调末端
	LH％	复合边界调（下降上扬调）	标记在上扬前保持一段时间较低音高的边界调末端
	HL％	复合边界调（上扬下降调）	标记在音高上扬后又下降的边界调末端
	＜	音高变动延迟	当出现延迟下降(遅下がり)或句首上扬延迟的现象时,将"＜"标注在实际的 F0 最高点(转折点)。
	＞	音高变动提前	当边界调的出现早于最后一个节拍时,在边界调的起始点标注"＞"。

148

（续表）

	0	单词间结合	表示词与词之间在听感上并无韵律边界。
BI 层	1	词边界	表示典型的词边界。
	2	音高重音短语边界	表示典型的音高重音短语边界。
	3	语调短语边界	表示典型的语调短语边界。
	—	BI 不确定	标注在 BI 之后，表示不能准确判断韵律边界。
	p	非流畅性	标注在 BI 之后，表示非流畅性韵律边界。
	m	BI 不一致	标注在 BI 之后，表示听感上的 BI 与从 F0 形状推断出的韵律边界不一致。
其他	<pz>	单词或句子边界	停顿
	<r>	单词或句子边界	单词或短语的重复

附录 2　参与者的问卷调查

　　此项研究的结果将被用于日语教学研究。在此项研究中获得的一切数据均不会使用在与研究无关的方面。非常感谢您的合作。

● 关于您的日语学习经历以及母语

姓名_____　性别_____　年龄_____岁　民族_____
出生生活地　_____岁～_____岁　在_____(地名)生活过。那里使用的方言_____语
　　　　　　_____岁～_____岁　在_____(地名)生活过。那里使用的方言_____语
　　　　　　_____岁～_____岁　在_____(地名)生活过。那里使用的方言_____语
什么时候开始学习普通话的?　_____岁
在家里你使用什么方言?　_____
日语的学习时间:_____年_____个月(_____小时/1周)
除了日语以外的外语学习经历:_____语、_____语、_____语、_____语
以上外语的学习时间:_____年_____个月、_____年_____个月、_____年_____个月、_____年_____个月
在日本的生活经历(包括旅游等的短暂逗留):有(_____年_____个月)　/　没有
电话号码_____　邮件地址_____@_____

　　为配合此次研究活动,我一共参加两次调查,每次平均 1 小时,获得谢礼人民币 100 元。

　　地址

　　电话

　　署名

● 关于教室外的日语学习

1. 你在大学上课以外,周(月・年)学习多少时间日语。(学习・不学习)
   请在周・月・年中选择一项画圈,并填上时间 ＿＿＿＿＿＿＿＿小时 ／ 周・月・年

2. 除了日语教科书,你是否看其他日语杂志、书籍、漫画等。(看・不看)
   周(月・年)看多长时间。＿＿＿＿＿＿＿＿小时 ／ 周・月・年

3. 你是否听日语教科书的音频,以及其他日语 CD 等。(听・不听)
   周(月・年)听多长时间。＿＿＿＿＿＿＿＿小时 ／ 周・月・年

4. 你是否看日本的电视节目、电影,以及动画卡通。(看・不看)
   周(月・年)看多长时间。＿＿＿＿＿＿＿＿小时 ／ 周・月・年

5. 你是否听日语的广播节目。(听・不听)
   周(月・年)听多长时间。＿＿＿＿＿＿＿＿小时 ／ 周・月・年

6. 你是否听日语的歌曲。(听・不听)
   周(月・年)听多长时间。＿＿＿＿＿＿＿＿小时 ／ 周・月・年

7. 你是否和日本人聊天交流。(有・没有)
   周(月・年)聊天多长时间。＿＿＿＿＿＿＿＿小时 ／ 周・月・年

8. 你是否使用日语和日本人网上聊天。(有・没有)
   周(月・年)聊天多长时间。＿＿＿＿＿＿＿＿小时 ／ 周・月・年

9. 你是否通过因特网看日本的网页。(看・不看)
   周(月・年)看多长时间。＿＿＿＿＿＿＿＿小时 ／ 周・月・年

10. 你是否玩日语的电脑游戏,电视游戏,以及手机游戏。(玩・不玩)
    周(月・年)玩多长时间。＿＿＿＿＿＿＿＿小时 ／ 周・月・年

発音習得について

		完全不同意	并不太同意	两者都不是	有点同意	非常同意
1	一个一个假名都很注意的发音	☐	☐	☐	☐	☐
2	我纠正自己的发音,直到自己满意为止	☐	☐	☐	☐	☐
3	自己反复地练习发音	☐	☐	☐	☐	☐
4	练习发音时,我注重大声且清楚地发音	☐	☐	☐	☐	☐

		完全不同意	并不太同意	两者都不是	有点同意	非常同意
5	我在说日语时，一直注意自己的发音	☐	☐	☐	☐	☐
6	我向老师和朋友请教怎样发音	☐	☐	☐	☐	☐
7	注意舌头、嘴唇以及口腔来发音	☐	☐	☐	☐	☐
8	使用录音机等设备练习发音	☐	☐	☐	☐	☐
9	我会确认发音的目标是否达成	☐	☐	☐	☐	☐
10	我会考虑，我的发音和模范发音有什么不同	☐	☐	☐	☐	☐
11	我在发音时，会注意自己的声调和语调	☐	☐	☐	☐	☐
12	达成发音练习的目标后，树立下一个目标练习	☐	☐	☐	☐	☐
13	我希望能增加发音课和发音指导	☐	☐	☐	☐	☐
14	我认为，以后工作的话，日语是很必要的	☐	☐	☐	☐	☐
15	我认为自己将来的日语水平会比现在好，能和日本人更好地对话	☐	☐	☐	☐	☐
16	我经常注意自己发音的缺点	☐	☐	☐	☐	☐
17	会说日语对找工作有利	☐	☐	☐	☐	☐
18	看着老师的嘴型，模仿发音	☐	☐	☐	☐	☐
19	我认为，将来，我能比现在更加顺利地表达自己想说的话	☐	☐	☐	☐	☐
20	我会向人询问，自己的发音是否正确	☐	☐	☐	☐	☐
21	我使用发音教材或参考书	☐	☐	☐	☐	☐
22	如果将来去日本的话，在日本生活，正确的发音很重要	☐	☐	☐	☐	☐
23	我很注重日本人和其他同学，对我发音的评价	☐	☐	☐	☐	☐
24	一点一点地改变，纠正发音	☐	☐	☐	☐	☐
25	比较日语和我的母语在发音上的相同和不同	☐	☐	☐	☐	☐

（续表）

		完全 不同意	并不 太同意	两者 都不是	有点 同意	非常 同意
26	说得不好，或是说错的时候，能改正，重新说	☐	☐	☐	☐	☐
27	反复听模范发音，记住并凭印象发音	☐	☐	☐	☐	☐
28	我会使用老师给予我的发音的建议和说明	☐	☐	☐	☐	☐
29	我想从事使用日语的工作	☐	☐	☐	☐	☐
30	我想学习发音，能和其他国家的同学用日语交谈	☐	☐	☐	☐	☐
31	毕业后，如果有机会的话，我想去日本学习日语	☐	☐	☐	☐	☐
32	平时一想到，就一个人练习发音	☐	☐	☐	☐	☐
33	我有目标地进行发音练习	☐	☐	☐	☐	☐
34	朗读日语教材，并读出声来	☐	☐	☐	☐	☐
35	我对日语和日本文化感兴趣	☐	☐	☐	☐	☐
36	我会考虑，为什么别人的发音那么好	☐	☐	☐	☐	☐
37	日语学习中发音是很重要的一个环节	☐	☐	☐	☐	☐
38	我认为，将来我的日语会比现在更正确、自然	☐	☐	☐	☐	☐
39	我会为了改善日语发音而努力的	☐	☐	☐	☐	☐
40	毕业之后，我想继续学习日语	☐	☐	☐	☐	☐
41	我想像老师和日本人一样，说自然的日语	☐	☐	☐	☐	☐
42	不满足现状，争取发音能变得更好	☐	☐	☐	☐	☐
43	比较别人的发音和自己的发音	☐	☐	☐	☐	☐
44	被老师纠正发音之后，意识到自己的发音和以前不一样了	☐	☐	☐	☐	☐
45	自己在发音的时候，顾及对方对自己发音的看法	☐	☐	☐	☐	☐
46	我想和日本人一起学习或是工作	☐	☐	☐	☐	☐

(续表)

		完全 不同意	并不 太同意	两者 都不是	有点 同意	非常 同意
47	学会日语后,我想在日本工作	☐	☐	☐	☐	☐
48	我经常注意自己的发音是否正确	☐	☐	☐	☐	☐
49	我想用日语和日本人交谈	☐	☐	☐	☐	☐
50	我想和日本人成为朋友	☐	☐	☐	☐	☐
51	我认为,将来,我的日语发音会比现在好	☐	☐	☐	☐	☐
52	让老师或者日本人纠正我的发音	☐	☐	☐	☐	☐
53	我想用日语向日本人表达自己的想法	☐	☐	☐	☐	☐
54	我会确认和以前相比,自己的发音好了多少	☐	☐	☐	☐	☐
55	我模仿老师和磁带的发音	☐	☐	☐	☐	☐
56	我想学习日语的发音,这样其他同学就不会笑话我了	☐	☐	☐	☐	☐
57	我喜欢学习日语	☐	☐	☐	☐	☐

附录3 【综合纵向库—初级学习者纵向朗读语料库】语篇朗读素材

NNS_CL_T01（32）

魯さんの/へやは/にかいに/あります。

へやに/つくえや/いすなどが/あります。

つくえが/みっつ/あります。

いすが/むっつ/あります。

ベッドが/よっつ/あります。

へやに/パソコンも/あります。

テレビは/ありません。

テレビは/がくせいの/クラブに/あります。

トイレは/にかいに/あります。

よくしつは/いっかいに/あります。

NNS_CL_T02（85）

待って/います。

わたしは、/春を/待って/います。

春は、/公園に/行きます。

花を/見て、/お弁当を/食べます。

そらまめと、/たけのこを/いただきます。

待って/います。

わたしは、/夏を/待って/います。

夏は、/海に/行きます。

貝を/ひろって、/波の/音を/聞きます。

つかれたら、/すずしい部屋で/トウモロコシと/スイカを/いただきます。

待って/います。

わたしは、/秋を/待って/います。

秋は、/山に/行きます。

木を/見て、/栗を/ひろいます。

月を/見ながら、/栗ごはんと/さんまを/いただきます。

待って/います。

わたしは、/冬を/待って/います。

冬は、/温泉に/行きます。

温かいお風呂に/入って、/星を/見ます。

みんなで/カニ鍋と/ミカンを/いただきます。

待って/います。

いま、/新しい年を/待って/います。

あ、/かねの/音が/聞こえます。

新しい年が/来ました。

あけまして、/おめでとう！

NNS_CL_T03（67）

青木さんの/趣味は/スポーツです。

彼の/好きな/スポーツは/テニスと/バドミントンです。

テニスより、/バドミントンの/方が/すこし/上手です。

野球は/見ることは/好き/ですが、/自分で/やることは/あまり/好きではありません。

青木さんは/中華料理が/大好きです。

北京料理では/ダック、/上海料理では/酢豚が/好きです。

四川料理は/はじめは/辛くて/嫌いでしたが、/だんだん/好きに/なりました。

李さんは/音楽を/聞くのが/好きです。

彼は/ジャズや/ロックより/クラシック音楽の/方が/好きです。

ほかに、/おいしい料理が/好きです。

日本料理も/中華料理も/みな/好きです。

中華料理は/何でも/好きです。

嫌いな/ものは/ありません。

しかし、/彼は/料理を/食べることは/好きですが、/料理を/作ることは/できません。

NNS_CL_T04（57）

今日は/試験です。

試験問題には/「聴解」/「文字・/語彙」/「読解・/文法」の/三つの/セクションが/あります。

それぞれの/セクションには/五つの/大きな/問題が/あります。

大きな/問題には、/いくつかの/小さな/問題が/あります。

それぞれの/問題には/四つの/選択肢が/あります。

正しい答えは/一つだけ/ですから、二つ/選んでは/いけません。

書き間違ったところは/書き直しても/いいですが、/書き直すときに、/前の/答えを/消しゴムで/きれいに/消さなくては/いけません。

開始の/ベルが/鳴る前に、/先生は/このように/説明しました。

本当に/難しくて/きびしい試験です。

しかし、/みんなは/一生懸命/がんばります。

NNS_CL_T05（72）

牧野さんは/日本人留学生で、/いま/中国語の辞書を/欲しがって/います。

また/ラジカセを/買いたがって/います。

ラジカセを/買って/中国語の/ラジオ講座を/聞きたいと/思って/います。

彼は/将来、/文化交流の/活動を/しようと/考えて/います。

これが/牧野さんの/大きな/夢です。

李さんは/日本語科の/学生で、/今/日本語の/ことわざの/辞書を/欲しがって/います。

また/MP3 を/買いたがって/います。

MP3 を/買って/日本語の/録音を/聞きたいと/思って/います。

そして、/将来、/日本へ/行って/経済を/研究しようと/考えて/います。

しかし、/彼は/帰国後、/会社に/つとめようとは/思って/いません。

経済の/研究者に/なりたいと/思って/います。

これが/李さんの/大きな/夢です。

NNS_CL_T06（74）

今日の/授業は/とても/おもしろかったです。

先生は/まず、/「あなたの/名前は/何と/言いますか」と/私に/聞きました。

わたしは/「王友民と/言います」と/先生に/答えました。

そのあと、/先生は/会話の/練習を/通して/あいさつの/言葉と/日本文化の/関係を/説明しました。

日本語の/中には、/あいさつの/言葉が/たくさん/あります。

日本人は/朝、/人に/会ったときに/「おはようございます」と/言います。

昼間、/人に/会ったときに/「こんにちは」と/言います。

とくに/日本人は/あいさつに/天気や/季節の/言葉を/よく/使います。

たとえば/「いいお天気ですね」とか、/「暑いですね」とか、/と/よく/言うのです。

あいさつの/言葉は/たしかに/日本文化の/一面を/表して/います。

私たちは/日本語を/勉強するとともに、/日本の/文化や/知識も/よく/勉強しなければ/なりません。

NNS_CL_T07（67）

もうすぐ/クリスマスです。

吉田さんは/友達に/プレゼントしようと/思って/います。

日本では、/クリスマスに/親しい人どうし、/あるいは/家族の/間で/プレゼントの/交換が/盛んです。

吉田さんは/去年の/クリスマスに/友達に/中国の/万年筆を/あげました。

弟に/おもちゃを/あげました。

友達からは/CD を/もらいました。

高校時代の/先生からは/英語の/辞書を/いただきました。

中国では、/学生は/クリスマスに/よく/プレゼントを/しますが、/ふつうの/人たちは/やはり/結婚式や/誕生日に/プレゼントを/します。

李さんは/今年の/誕生日に/お父さんから/ノート・パソコンを、/お母さんから/セーターを/いただきました。

　　ご両親の/誕生日に、/李さんは/お父さんには/デジカメを、/お母さんに
は/マフラーを/差し上げました。

　　妹には/誕生日に/かわいい人形を/あげました。

NNS_CL_T08 (71)

　　あさっては/元旦です。

　　その日には/新年を/祝う特別公演が/あります。

　　李さんは/公演を/見に/行きたいと/思って/います。

　　魯さんは、/李さんが/行けば/自分も/行こうと/思って/います。

　　留学生の/竹内さんは、/用事が/なければ/行くと/言って/いました。

　　それで/李さんは/もう一度/携帯電話で/竹内さんを/誘ってみようと/
思いました。

　　文化劇場までは、/まず/十八番の/バスに/乗って、/それから、/地下鉄
に/乗り換えれば/いいのですが、/元旦は/大変な/人出で、/バスが/とても/
込むので、/李さんたちは/自転車で/行こうと/考えました。

　　魯さんは/留学生の/安全を/心配していますが、/李さんは/交通規則を/
守れば/大丈夫だと/言いました。

　　ただ、/当日の/天気が/心配です。

　　そこで、/李さんは/あさっての/天気予報を/聞いてみようと/思いま
した。

NNS_CL_T09 (46)

　　来週、/大学祭が/あります。

　　李さんの/クラスは/牛どんの/模擬店を/やろうと/考えました。

　　李さんは/牛どんの/作り方を/習うために/安倍さんを/訪ねました。

　　牛どんは/日本の/人に/とても/人気が/あります。

　　安倍さんは/牛どんを/作りながら、/その作り方を/丁寧に/説明しま
した。

　　できた牛どんは/とても/おいしそうでした。

　　李さんは/安部さんの/説明を/聞きながら/詳しく/メモを/取りました。

　　安倍さんは/そのメモを/見て、/模擬店は/きっと/成功するだろうと/言

って/李さんを/励ましました。

NNS_CL_T10（76）

最近、/中国へ/来る留学生が/増えました。

私たちの/大学には/今アメリカ、/日本、/イギリス、/フランス、/ドイツ、/カナダなど/十数か国から/来た留学生が/二百五十名ぐらい/います。

今日は/大学新聞の/記者を/している/李さんが/留学生に/インタビューを/しました。

留学生の/多くが/中国へ/留学しようと/思ったのは/中国の/文化に/興味が/あったからです。

生活環境については/安全だから/いいと/答えて/います。

もちろん、/騒音や/公害などの/問題が/あると/言う人も/います。

彼らは/中国へ/来てから、/たまに/病気に/なることも/あります。

そういうときには、/病院へ/行ったり、/大学の/医務室で/手当てを/受けたりします。

留学生は/中国人の/友達が/おおぜい/いますから、/ふだんは/よく/中国語を/使って/います。

ですから、/言葉の/違いは/彼らにとって/あまり/大きな/問題ではありません。

NNS_CL_T11（62）

冬休みが/終わり、/いよいよ/新学期が/始まりました。

今日は/暇なので、/王さんは/留学生の/山崎さんを/訪ねました。

山崎さんは/とても/親切な人で、/友達が/来る時には、/いつも/部屋を/きれいに/掃除して/おいたり、/お菓子を/買ってきて/おいたりします。

彼の/部屋は/広く、/棚の/上には/家族の/写真が/飾ってあり、/サイドボードの/中には、/誕生日に/友達から/もらったグラスセットが/置いて/あります。

壁には、/地理の/勉強の/ための/中国地図が/貼って/あります。

ひさしぶりに/会ったので、/二人で/楽しく/食事を/しました。

王さんは/手が/滑って、/コップを/一つ/割って/しまいましたが、/さいわい、/けがは/しませんでした。

NNS_CL_T12 (67)

今日は/春の/バーゲンが/あります。

それで、/留学生の/中島さんは/李さんを/誘って/町の/デパートへ/買い物に/来ました。

中島さんは/靴と/コートを/買おうと/思い、/李さんは/カセットデッキと/万年筆を/買おうと/思いました。

中島さんは/靴売り場で、/いろいろな/靴を/はいて/みてから/形の/気に/入ったものを/買いました。/サイズは/26.5 センチで、/値段は/230 元でした。

それから/自分の/体の/サイズに/ぴったりで、/軽くて/着やすいコートを/買いました。

李さんは/カセットデッキを/買いました。

ちょうど/春の/バーゲンなので、/二割引きの/安い値段でした。

それから、/友達に/プレゼントを/あげようと/思って、/値段が/やや高く、/新発売で/ボールペンと/セットに/なっている/青色の/万年筆を/買いました。

NNS_CL_T13 (88)

近頃は/よく/雨が/降ります。

天気予報に/よると、/明日も/雨だ/そうです。

留学生の/吉田さんは、/頭が/痛いし、/手足も/だるいし、/少し/目まいも/します。

それで、/学校を/休むことに/しました。

欠席届は/事務室に/出すことに/なっているので、/留学生センターの/王さんに/頼みました。

吉田さんは/自分が/きっと/風邪を/引いたのだろうと/思って、/留学生の/医務室へ/行って/診察を/受けました。

診断に/よると、/流感だ/そうです。

それで、/薬を/もらって/いそいで/帰って/休みました。

ある日、/留学生の/渡辺さんは/急に/胃が/激しく/痛み出して、/ひどい吐き気が/しました。

　渡辺さんは、/前の晩、/豚肉を/たくさん/食べたと、/お医者さんに/言いました。

　お医者さんは、/胃の悪い人は/油物を/たくさん/食べては/いけないと/言いました。

　診断に/よると、/さいわい/軽い/胃潰瘍だ/そうです。

　今後、/油物や/刺激の/強い食べ物は/できるだけ/控えなさいと、/お医者さんは/渡辺さんに/注意しました。

NNS_CL_T14（39）

　橋本さんは/留学生寮で/李さんを/もてなしました。

　中国の/人に/めずらしいだろうと/思って、/橋本さんは/日本料理を/たくさん/作りました。

　二人は、/食習慣や/お酒の/ことなどについて、/いろいろ/歓談を/しました。

　しばらく/たって、/李さんも/杏花楼で/橋本さんに/中華料理を/ご馳走しました。

　杏花楼は、/料理がおいしく、/外国人も/よく/来るところだ/そうです。

　橋本さんは/中華料理が/まだ/五回目なので、/李さんは/たくさん/注文しました。

NNS_CL_T15（61）

　留学生の/田中さんは/日曜日に、/浦東の/世紀公園へ/行こうと/思いました。

　彼は/交通係に/道を/たずねて、/地下鉄に/乗りました。

　地下鉄では、/駅員が/マイクで/アナウンスしたり、/車内放送を/ながしたり/しますが、/上海の/道が/まだ/よく/わからない田中さんは/乗客に/いろいろ/聞きました。

　乗客は/親切に/彼に/教えました。

　留學生寮が/近いから、/田中さんは/自転車で/學校に/通っていますが、/通學生の/徐さんは/家が/學校から/遠いので、/地下鉄を/利用しています。

ですから、/朝も/夕方も/込む電車に/乗らなければ/なりません。

それでも、/徐さんは/いつも/電車の/中で、/MP3 を/聞きながら、/日本語を/熱心に/勉強しています。/

NNS_CL_T16（66）

昨日は/中国に/来て/初めての/誕生日でした。

それで、/パーティーを/ひらいて/友達を/招待しました。

友達が/たくさん/お祝いに/来て/くれました。

とくに、/留学生別科の/蔡先生も/来て/くださったので、/とても/うれしかったです。

友達から/いろいろな/プレゼントを/もらいました。

佐藤さんは/中国の/きり紙を/くれました。

周さんたちから/もらったパンダの/おもちゃは/とても/すばらしいもので、/まるで/本物の/ようです。

蔡先生から/中国の/万年筆を/いただきました。

友達が/いろいろ/手伝って/くれたので、/本当に/助かりました。

王さんは/パーティーの/司会をして/くれました。

佐藤さんは/部屋を/貸して/くれました。

趙さんには/記念写真を/撮って/もらいました。

蔡先生には/ごあいさつを/して/いただきました。

本当に/楽しい誕生日でした。

NNS_CL_T17（65）

李さんは/日本語科の/二年生です。

始めの/ころは/日本語が/全然/話せませんでしたが、/その後は/だんだん/話せるように/なりました。

彼は/今、/日本語の/會話を/習って/いますが、/まだ/上手には/話せません。

それから、/日本語の/新聞は/すこし/読めますが、/手紙は/まだ/上手に/書けません。

それで、/留学生の/沢田さんに/手紙の/書き方を/教えて/もらおうと/思っています。

　　沢田さんは/中国語を/二年ばかり/習いましたけれど、/まだ、/それほど/上手ではありません。

　　やさしいことは/中国語で/言えますが、/電話は/まだ/上手に/かけられません。

　　中国語の/放送も/よく/聞き取れません。

　　よく/聞き取れるように/なるために、/彼は/毎日、/中国語の/放送を/聞いて/います。

NNS_CL_T18（94）

　　日本語科の/王先生は/授業には/熱心だし、/学生には/親切だし、/みんなから/尊敬されて/います。

　　先生の/会話の/授業では/いつも/活発な/やりとりが/行われて/います。

　　李さんは/一年生の/時に、/王先生に/教わったことが/あります。

　　彼は/勉強の/態度が/まじめで、/成績が/よかったので、/王先生に/よく/ほめられました。

　　でも、/同級生と/けんかを/して、/しかられたことも/ありました。

　　けんかと/いえば、/李さんも/横山さんも/子供の/ころ、/よく/兄弟げんかを/しました。

　　しかし、/李さんも/横山さんも/おとなに/なってからは/兄弟と/仲が/良くなり、/お互いに/助け合うように/なりました。

　　上海の/町では、/いつも/交通が/混雑しているので、/李さんは/二度も/ひどい目に/あいました。

　　一度は/後ろの/人に/おされて、/手に/けがを/して/しまい、/もう一度は/人に/足を/踏まれて、/血が/たくさん/出て/しまいました。

　　ひどい目と/いえば、/横山さんも、/一度は/すりに/財布を/すられ、/もう一度は/悪者に/襲われた/そうです。

NNS_CL_T19（64）

　　李さんは/読書の/レポートを/書くために、/今/適当な/本を/さがして/いるところです。

　　授業に/出ながら、/レポートを/書くのは/ちょっと/大変ですが、/李さ
んにとっては、/かえって/そのほうが/刺激に/なって/いいみたいです。

　　彼は/図書館へ/本を/返しに/行く山本さんに/会いました。

　　山本さんの/借りた本は/『言葉と文化』という/本で、/日本人らしい/発
想という/視点から/日本語と/日本文化との/かかわりを/書いた/ものです。

　　李さんは/いい本だ/と考え、/翌日、/図書館へ/行って/その本を/借りました。

　　ところが、/数日後、/李さんは、/日本人らしい/発想は/わかりにくいと/
思って/その本を/図書館に/返しました。

　　そして、/山本さんの/愛読書『吾輩は猫である』という/おもしろい本を/
借りて/読むことに/しました。

NNS_CL_T20（84）

　　日本語の/試験は/きのう/終わりました。

　　試験の/形式は/学生に/日本語の/文章を/翻訳させたり、/日本語で/短
い作文を/書かせたりする/筆記試験と、/会話を/させたり、/録音を/聞いて/
日本語で/答えさせたりする/口頭試験でした。

　　李さんの/クラスは/今、/村松先生が/教えています。

　　村松先生は/とても/やさしい方で、/学生に/とても/丁寧に/教えます。

　　まず/学生に/聞かせたり、/絵を/見ながら/言わせたり/します。

　　それから、/本を/読ませたり、/漢字を/書かせたり、/質問に/答えさせた
り、/短文を/作らせたり/します。

　　また、/ときどき、/面白い話を/して/学生を/喜ばせたり、/冗談を/言っ
て/笑わせたり/します。

　　青木さんは/日本人留学生で、/将来、/日本語教師に/なりたいと/思っ
て/います。

　　彼は/村松先生を/たずねて、/授業の/やり方について/いろいろ/教え
て/いただきました。

　　そして、/将来、/自分も/村松先生の/ように/日本語を/上手に/教えたい
と/思っています。

摘自《新编日语》(重排版)第 1 册、第 2 册.(2019)，上海外语教育出版社.

参考文献

中文

吴宗济. 普通话发音不送气音/送气音区别的实验研究[J]. 中国语言学报,1988 (3):256 – 283.

王初明. 二语习得年龄研究[C]. 董燕萍、王初明(主编),中国的语言学研究与 应用,100 – 115,2001.

王立非,李瑛. 第二语言习得关键期假设研究的新进展—兼评《第二语言习得与 关键期假设》[J]. 外国语,2002(2):76 – 79.

赵元任. 中国方言当中爆发音的种类[C]//赵元任语言学论文集. 北京:商务印 书馆,2002[1935],443 – 448(《历史语言研究所集刊》5(4):515 – 520).

董燕萍. 从广东省小学英语教育现状看"外语要从小学起"[J]. 现代外语,2003 (1):40 – 47.

刘振前. 第二语言习得关键期假说研究评述[J]. 当代语言学,2003(2):158 – 172.

王蓓蕾. 外语学习有最佳起始年龄吗?[J]. 外语界,2003(3):69 – 74.

陆效用. 语言习得"关键期假说"和"一条龙"英语教学[J]. 外语界,2004 (1):62 – 68.

杨连瑞. 第二语言习得的临界期及最佳年龄研究[J]. 外语学刊,2004(5): 101 – 106.

游汝杰. 汉语方言学教程(第1版)[M]. 上海:上海教育出版社,2004.

杨诎人. 粤方言区日语学习者的塞音持阻时长研究[J]. 现代外语,2006(1): 29 – 36.

方岚. 影响外语发音学习的因素[J]. 外语学刊,2007(4):124 – 127.

赵飞,邹为诚. 外语学习年龄问题的传记性研究—成功外语学习者对外语教学的启示[J]. 现代外语,2008(3):317-327.

蔡全胜. 中国人日语声调倾向新变化[J]. 日语学习与研究,2009(6):32-37.

曹文,张劲松. 面向计算机辅助正音的汉语中介语语音语料库的创制与标注[J]. 语言文字应用,2009(4):122-131.

王茂林. 中国学习者英语词中塞音发音分析[J]. 现代外语,2009(2):186-194.

杨诎人. 日语学习者的否定句语调实验研究[J]. 外语学刊,2009(6):67-72.

杨诎人. 日语学习者的歧义句语调实验研究[J]. 现代外语,2010a(1):89-97.

杨诎人. 日语学习者的歧义句语调范畴感知实验研究[J]. 外语研究,2010b(2):25-29.

刘佳琦. 日语平板式声调习得的实验性研究[J]. 复旦外国语言文学论丛,2011a(1):66-71.

刘佳琦. 日语学习者的动词テ形声调习得研究——在中间语言研究理论的框架下[J]. 日语学习与研究,2011b(2):107-112.

庄木齐,卜友红. BetterAccentTutor 与超音段音位可视化教学研究[J]. 外语电化教学,2011(3):31-38.

刘海霞. 可视化语音软件对语音教学的促进作用的实验研究[J]. 电化教育研究,2012(6):94-99.

陈文凯. 语音多模态研究与多模态二语语音习得[J]. 外语电化教学,2013(152):59-63.

刘佳琦. 日语语音学教程[M]. 上海:华东师范大学出版社,2013.

刘晓斌,林文衡,张维,洪晓丽. 基于语音可视化的英语模仿朗读教学实验研究[J]. 电化教育研究,2013(4):81-96.

鲍怀翘,林茂灿. 实验语音学概要[M]. 北京:北京大学出版社,2014.

王初明. 内容要创造,语言要模仿——有效外语教学和学习的基本思路[J]. 外语界,2014(2):42-48.

王初明. 读后续写何以有效促学[J]. 外语教学与研究,2015(5):753-762.

尹松. 从教师听觉评价和语音分析软件看跟读法训练对改善日语韵律错误的效果[J]. 外语教学理论与实践,2015(4):70-74.

朱春跃. 汉日语音对比及日语语音习得研究——选题、方法与成果[J]. 汉日语言对比研究论丛,2015(6):35-47.

户田贵子,刘佳琦. 成年人日语发音习得的可能性——学习成功者和语言习得临界期假说[J].日语学习与研究,2016(1):79-85.

文秋芳."产出导向法"的中国特色[J].现代外语,2017(3):348-358.

胡晓东,高嘉伟.基于SQL语言的数据库内容设计与优化[J].吉林工程技术师范学院学报,2018,34(10):102-104.

刘佳琦.日语语音教学的实践及展望—理论、方法与成果[J].高等日语教育,2018a(1):43-55.

刘佳琦.日语音段的可视化教学研究—基于中介语理论与实验语音学方法[J].日语学习与研究,2018b(4):77-84.

吴诗玉,黄绍强.大学英语教学,为什么要坚守"阅读和讨论"?[J].当代外语研究,2018(2):9-14.

朱春跃.从汉、日调音动态对比看日语元音的稳定性[J].东北亚外语研究,2018(2):47-53.

王宇博.SQL语言中的索引技术的使用技巧[J].智库时代,2019,184(16):264-268.

吴诗玉,黄绍强.何为"有效"的外语教学?—根植于本土教学环境和教学对象特点的思考[J].当代外语研究,2019(3):37-47.

郑咏滟.从复杂动态系统理论谈有效的外语教学[J].当代外语研究,2019(5):12-16.

崔春福,冉诗洋.日语语音教学中动作指导法应用效果实证研究[J].日语学习与研究,2020(6):71-84.

刘佳琦.日语语音学教程(第二版)[M].上海:华东师范大学出版社,2020.

任宏昊,近藤真理子.高级日语学习者的促音产出研究—以普通话者及粤方言者为对象[J].外语教学与研究,2020(1):117-129.

张林.中国日语学习者的动词「テ/タ形」声调习得研究—基于历时语料库的个案分析[J].日语偏误与日语教学研究,2021(6):38-56.

冯志伟.语言使用中的记忆负担最小化机制[J].日语学习与研究,2022(1):1-19.

胡昊中.话语自发性对日语节奏的影响研究[D].上海:复旦大学外国语言文学学院,2022.

刘海涛.数智时代语言研究的挑战与机遇[N].中国社会科学报,2022-5-17(8).

刘佳琦. 中国日语学习者中介语语音语料库的建设初探[J]. 高等日语教育, 2022(10):72 - 81.

李佐文,梁国杰. 语言智能学科的内涵与建设路径[J]. 外语电化教学,2022(5): 88 - 93.

杨宗凯,王俊,王美倩. 数字化转型推动外语教学创新发展[J]. 外语电化教学, 2022(5):3 - 5.

殷键,陶李春,冯志伟."大外语"的"范式革命"与外语研究方法论创新—冯志伟 教授访谈录[J]. 外语教学理论与实践,2022(1):8 - 14.

祝智庭,罗红卫,王诚谦,胡姣. 外语教育数字化转型与融合创新[J]. 外语电化 教学,2022(4):7 - 17.

查明建. 外语学科—如何守正,怎样创新?[J]. 外语教学理论与实践,2023(1): 2 - 8.

陈勇. 数字人文研究与语言期刊建设[J]. 当代修辞学,2023,235(1):9 - 17.

胡加圣,戚亚娟. Chat GPT 时代的中国外语教育—求变与应变[J]. 外语电化教 学,2023(1):3 - 6.

英文

ABRAMSON A S. Laryngeal timing in consonant distinctions [J]. Phonetica, 1977,34:295 - 303.

ABRAMSON A S, LISKER L. Laryngeal behavior, the speech signal and phonological simplicity [J]. Actes du xe Congres International des Linguistes, 1970(4):123 - 129.

AMANO S, KONDO T, KATO K, NAKATANI T. Development of Japanese infant speech database from longitudinal recordings [J]. Speech Communication, 2009,52:510 - 520.

BADDELEY A D. Working Memory [M]. New York: Oxford University Press, 1986.

BADDELEY A D. Working memory and language: An overview [J]. Journal of Communication Disorders, 2003,36:189 - 208.

WENDEN A. Learner Strategies for Learner Autonomy Englewood Cliffs [M]. NJ: Prentice-Hall, 1991.

BIALYSTOK E, HAKUTA K. In Other Words: The Science and Psychology of Second-Language Acquisition [M]. New York: Basic books, 1994.

BOERSMA P, WEENIN D. Praat: Doing phonetics by computer (Version 6.0) [Computer program], http://www.fon.hum.uva.nl/praat, 2022.

BOHN O S, FLEGE J E. Perceptual switching in Spanish/English bilinguals [J]. Journal of Phonetics, 1993, 21(3):267 - 290.

BONGAERTS T. Ultimate attainment in L2 pronunciation: The case of very advance late L2 learners [C] // BIRDSONG D. (eds.) Second Language Acquisition and The Critical Period Hypothesis. Mahwah, NJ, US: Lawrence Erlbaum Associates Publishers, 1999:133 - 159.

BONGAERTS T, VAN SUMMEREN C, PLANKEN B, SCHILS E. Age and ultimate attainment in the pronunciation of a foreign language [J]. Studies in Second Language Acquisition, 1997, 19:445 - 465.

CABRELLI AMARO J, WREMBEL M. Investigating the acquisition of phonology in a third language: A state of the science and an outlook for the future [J]. International Journal of Multilingualism, 2016, 13 (4): 395 - 409.

CENOZ J. The additive effect of bilingualism on third language acquisition: A review [J]. International Journal of Bilingualism, 2003(7):71 - 88.

CENOZ J, HUFEISEN B, JESSNER U. Cross-linguistic Influence in Third Language Acquisition: Psycholinguistic Perspectives [M]. Clevedon: Multilingual Matters, In the series Bilingual Education and Bilingualism, 31, 2001.

CENOZ J, GORTER D. Focus on multilingualism as an approach in educational contexts [M] // CREESE A, BLACKLEDGE A. (eds.), Heteroglossia as Practice and Pedagogy. Berlin: Springer, 2014:239 - 254.

CHAN A Y W. The perception and production of English speech sounds by Cantonese ESL learners in Hong Kong [J]. Linguistics, 2014, 52 (1): 35 - 72.

CHANG J. Globalization and English in Chinese higher education [J]. World Englishes, 2006, 25 (3 - 4):513 - 525.

CHO T, LADEFOGED P. Variation and universals in VOT: Evidence from 18 languages [J]. Journal of Phonetics, 1999,27(2):207 - 229.

DE BOT K. Visual feedback of intonation: Effectiveness and induced practice behavior [J]. Language and Speech, 1983,26(4):331 - 350.

DEKEYSER R. Beyond focus on form: Cognitive perspectives on learning and practicing second language grammar [C] // DOUGHTY C, WILLIAMS J. (eds.). Focus on Form in Classroom Second Language Acquisition. Cambridge: Cambridge University Press, 1998:42 - 63.

DEN Y, ENOMOTO M. A scientific approach to conversational informatics: Description, analysis, and modeling of human conversation [C] // NISHIDA T. (ed.) Conversational Informatics: An Engineering Approach, John Wiley & Sons, 2007:307 - 330.

DOCHERTY G J. The Timing of Voicing in British English Obstruents [M]. Berlin: Foris Publications, 1992.

ECKMAN F. Markedness and the contrastive analysis hypothesis [J]. Language Learning, 1977,27:315 - 330.

ECKMAN F. The structural conformity hypothesis and the acquisition of consonant in the interlanguage of ESL learners [J]. Studies in Second Language Acquisition, 1991,13(1):23 - 42.

ELLIS N C. Sequencing in SLA: Phonological memory, chunking and points of order [J]. Studies in Second Language Acquisition, 1996,18:91 - 126.

ELLIS R. Focus on form: A critical review [J]. Language Teaching Research, 2016,20(3):405 - 428.

FLEGE J E. The phonological basis of foreign accent: A hypothesis [J]. TESOL Quarterly, 1981,15:443 - 455.

FLEGE J E. Factors affecting degree of perceived foreign accent in English sentences [J]. Journal of the Acoustical Society of America, 1988, 84: 70 - 79.

FLEGE J E. Speech learning in a second language [C] // FERGUSON C, MENN L. (eds.), Phonological Development: Models, Research, and Application. Timonium, MD: York Press, 1992:565 - 604.

FLEGE J E. Second language speech learning: Theory, findings and problems [C] // STRANGE W. (eds.), Speech Perception and Linguistic Experience: Issues in Cross-language Research. Baltimore: York Press, 1995:233 – 277.

FLEGE J E. Age of learning and second Language Speech [C] // BIRDSONG D. (eds.), Second Language Acquisition and the Critical Period Hypothesis: Second Language Acquisition Research. Mahwah, NJ, US: Lawrence Erlbaum Associates Publishers, 1999:101 – 131.

FLEGE J E. The cross-language acquisition of stops differing in VOT: Historical overview [C]. Guest Presentation in Phonetics Teaching and Learning Conference. University College London, 2017.

FLEGE J E, BOHN O S, JANG S. Effects of experience on non-native speakers' production and perception of English vowels [J]. Journal of Phonetics, 1997,25(4):437 – 470.

FLEGE J E, FLETCHER K. Talker and listener effects on the perception of degree of foreign accent [J]. Journal of the Acoustical Society of America, 1992,91:370 – 389.

FLEGE J E. MACKAY I R A. Perceiving vowels in a second language [J]. Studies in Second Language Acquisition, 2004,26:1 – 34.

GOMBERT J E. Metalinguistic Development [M]. New York: Harvester Wheatsheaf, 1992.

GRANT K W, SEITZ P F. The use of visible speech cues for improving auditory detection of spoken sentences [J]. Journal of Acoustical Society of America, 2000,108(3):1197 – 1208.

HANULÍKOVÁ A, DEDIU D, FANG Z, BAŠNAKOVÁ J, HUETTIG F. Individual differences in the acquisition of a complex L2 phonology: A training study [J]. Language Learning, 2012,62:79 – 109.

HARDISON D M. Generalization of computer-assisted prosody training: Quantitative and qualitative findings [J]. Language, 2004,8(1):34 – 52.

HERDINA P, JESSNER U. A Dynamic Model of Multilingualism: Changing the Psycholinguistic Perspective [M]. Clevedon: Multilingual Matters,

2002.

HIRATA Y. Computer assisted pronunciation training for native English speakers learning Japanese pitch and durational contrasts [J]. Computer Assisted Language Learning, 2004,17(3 - 4):357 - 376.

IGASHIRA Y, NISHIKAWA K, TANAKA K, MAZUKA R. Phonological theory informs the analysis of intonation exaggeration in Japanese infant-directed speech [J]. Journal of Acoustical Society America, 2013,134(2): 1283 - 1294.

ITOU K, YAMAMOTO M, TAKEDA K, TAKEZAWA T, MATSUOKA T, KOBAYASHI T, SHIKANO K, ITABASHI S. JNAS: Japanese speech corpus for large vocabulary continuous speech recognition research [J]. Journal of Acoustical society of Japan, 1999,20(3):199 - 206.

JAKOBSON R. Child Language Aphasia and Phonological Universals [M]. Paris: Mouton, 1968.

JESSNER U. Linguistic Awareness in Multilinguals. English as a Third Language [M]. Edinburgh: Edinburgh University Press, 2006.

JIANG N. Second Language Processing: An Introduction [M]. New York: Routledge, 2018.

KEITH J. Acoustic and Auditory Phonetics [M]. West Sussex: Blackwell, 2003.

KENNEDY S, TROFIMOVICH P. Language awareness and second language pronunciation: A classroom study [J]. Language Awareness, 2010,19(3): 171 - 185.

KEATING P A. Phonetic and phonological representation of stops consonant voicing [J]. Language, 1984,60(2):286 - 319.

KEATING P A, LINKER W, HUFFMAN M. Patterns in allophone distribution for voiced and voiceless stops [J]. Journal of Phonetics, 1983, 11(3):277 - 290.

KINGSTON J. Learning foreign vowels [J]. Language and Speech, 2003,46 (2 - 3):295 - 349.

KINGSTON J, DIEHL R L. Phonetic knowledge [J]. Language, 1994,70

(3):419 - 454.

KLATT D H. Voice Onset Time, frication, and aspiration in word-initial consonant clusters [J]. Journal of Speech, Language, and Hearing Research, 1975,18:686 - 706.

KRASHEN S. Second Language Acquisition and Second Language Learning [M]. Oxford: Pergamon, 1981.

LADEFOGED P, KEITH J. A Course in Phonetics (Sixth Edition) [M]. Boston: Wadsworth, 2011.

LADO R. Linguistics Across Cultures [M]. Ann Arbor: University of Michigan Press, 1957.

LENNEBERG E. Biological Foundation of Language [M]. New York: Wiley, 1967.

LIBERMAN A M, HARRIS K S, HOFFMAND H S. The discrimination of speech sounds within and across phonetic boundaries [J]. Journal of Experimental Psychology, 1957,54:358 - 368.

LISKER L, ABRAMSON A S. A cross-language study of voicing in initial stops: Acoustical measurements [J]. Word, 1964,20:384 - 422.

LIU J Q, ZENG T, LU X C. Challenges in multi-language pronunciation teaching: A cross-linguistic study of Chinese students' perception of voiced and voiceless stops [J]. Circle of Applied Linguistics for Communication, 2019,79:88 - 118.

LIU J, LIN J. A cross-linguistic study on L3 phonological acquisition of stop contrasts [J]. SAGE Open, 2021(1):1 - 15.

LLAMA R, CARDOSO W, COLLINS L. The influence of language distance and language status on the acquisition of L3 phonology [J]. International Journal of Multilingualism, 2010,7(1):39 - 57.

LLAMA R, LÓPEZ-MORELOS L P. VOT production by Spanish heritage speakers in a trilingual context [J]. International Journal of Multilingualism, 2016,13(4):444 - 458.

LONG M H. Maturational constraints on language development [J]. Studies in Second Language Acquisition, 1990,12:251 - 285.

LONG M, ROBINSON P. Focus on form: Theory, research and practice [C] // DOUGHTY C, WILLIAMS J. (eds.), Focus on Form in Classroom Second Language Acquisition. Cambridge: Cambridge University Press, 1998:15 – 41.

MAEKAWA K. Coarticulatory reinterpretation of allophonic variation: Corpus-based analysis of /z/ in spontaneous Japanese [J]. Journal of Phonetics, 2010,38(3):360 – 374.

MAEKAWA K, KIKUCHI H, IGARASHI Y, VENDITTI J. X-JToBI: An extended J _ ToBI for spontaneous speech [C]. Proceedings of the International Symposium on Conference on Spoken Language Processing, Denver: Colorado, 2002:1545 – 1548.

MAJOR R C, KIM E. The similarity differential rate hypothesis [J]. Language Learning, 1999,49(1):151 – 183.

MARINOVA-TODD S H, MARSHALL D B, SNOW C E. Three misconceptions about age and L2 learning [J]. TESOL Quarterly, 2000,34 (1):9 – 34.

MASSARO D W. Perceiving Talking Faces: From Speech Perception to a Behavioral Principle [M]. Cambridge, MA: MIT Press, 1998.

MCGURK H, MACDONALD J. Hearing lips and seeing voices [J]. Nature, 1976,264:746 – 748.

MELTZOFF A N, KUHL P K. Faces and speech: Intermodal processing of biologically relevant signals in infants and adults [C] // LEWKOWITZ D J, LICKLITER R. (eds.). The Development of Intersensory Perception: Comparative Perspectives. Hillsdale, NJ: Lawrence Erlbaum, 1994, 335 – 369.

MOYER A. Ultimate attainment in L2 phonology [J]. Studies in Second Language Acquisition, 1999,21:251 – 286.

MORI H, SATAKE T, NAKAMURA M, KASUYA H. Constructing a spoken dialogue corpus for studying paralinguistic information in expressive conversation and analyzing its statistical/acoustic characteristics [J]. Speech Communication, 2011,53(1):36 – 50.

MURRAY M M, CAPPE C, ROMEI V, MARTUZZI R, THUT G. Auditory-Visual multisensory interactions in human primary cortices: Synthesis and controversies [C] // BARRY ESTEIN. (ed.), The New Handbook of Multisensory Processes, Cambridge: MIT Press, 2012:223 - 240.

NAKAMURA M, IWANO K, FURUI S. Differences between acoustic characteristics of spontaneous and read speech and their effects on speech recognition performance [J]. Computer Speech and Language, 2008, 22 (2):171 - 184.

NAGLE CH L. Examining the temporal structure of the perception-production link in second language acquisition: A longitudinal study [J]. Language Learning, 2018, 68(1):234 - 270.

NEUFELD G. Language learning ability in adults: A study on the acquisition of prosodic and articulatory features [J]. Working Papers in Bilingualism, 1977, 12:46 - 60.

NIKOLOV M. The critical period hypothesis reconsidered: Successful adult learners of Hungarian and English [J]. International Review of Applied Linguistics, 2000, 38:109 - 124.

OHALA J J. Aerodynamics of phonology: proceedings of the 4th Seoul International Conference on Linguistics, 1997 [C]. Seoul, Korea: Linguistic Society of Korea.

OLLER J W, ZIAHOSSEINY S M. The contrastive analysis hypothesis and spelling errors [J]. Language Learning, 1970, 20:183 - 189.

ONISHI H. The effects of L2 experience on L3 perception [J]. International Journal of Multilingualism, 2016, 13(4):459 - 475.

OYAMA S. A sensitive period for the acquisition of a non-native phonological system [J]. Journal of Psycholinguistic Research, 1976(5):261 - 283.

PATKOWSKI M. Age and accent in a second language: A reply to James Emil Flege [J]. Applied Linguistics, 1990, 11:73 - 89.

PATTERSON M L, WERKER J F. Matching phonetic information in lips and voice is robust in 4.5 - month-old infants [J]. Infant Behavior and

Development, 1999,22(2):237 - 247.

PIERREHUMBERT J, BECKMAN M. Japanese Tone Structure [M]. Cambridge, MA: MIT press, 1988.

PURCELL E, SUTER R. Predictors of pronunciation accuracy: A re-examination [J]. Language Learning, 1980,30:271 - 287.

PYUN K-S. A model of interlanguage analysis: the case of Swedish by Korean speakers [C] // HUFEISEN B, FOUSER R. (eds.), Introductory Readings in L3. 2005:55 - 70,Tübingen: Stauffenberg Verlag.

R CORE TEAM. R: A language and environment for statistical computing (Version 3.4.0) [Computer program], https://www.r-project.org.

RINGBOM H. The Role of the Mother Tongue in Foreign Language Learning [M]. Clevedon: Multilingual Matters, 1987.

RINGBOM H, JARVIS S. The importance of crosslinguistic similarity in foreign language learning [C] // MICHAEL H, CATHERINE J. The Handbook of Language Teaching, 2009:106 - 118, West Sussex: Wiley-Blackwell.

SAITO K, HANZAWA K, PETROVA K, KACHLICK M, SUZUKIDA Y, TIERNEY A. Incidental and multimodal high variability phonetic training: Potential, limits, and future directions [J]. Language Learning, 2022,72:1049 - 1091.

SELINKER L. Interlanguage [J]. International Review of Applied Linguistics, 1972,10:209 - 231.

SELIGER H, KRASHEN D, LADEFOGED P. Maturational constraints in the acquisition of a native-like accent in second language learning [J]. Language Sciences, 1975,36:20 - 22.

SHIMIZU K. A cross-language study of phonetic characteristics of stop consonants: With reference to voicing contrasts [J]. Journal of Asian and African Studies, 1993,45:163 - 176.

SILVERMAN K, BECKMAN M, PITRELLI J, OSTENDORF M, WIGHTMAN C C, PRICE P, HIRSCHBERG J. TOBI: A Standard for Labeling English Prosody [C]//Proceedings of the 2nd International

Conference on Spoken Language Processing. 1992: 867 – 870, Banff: International Speech Communication Association.

STEINBERG D D. An Introduction to Psycholinguistics [M]. New York: Longman, 1993.

STEIN B, ET AL. The New Handbook of Multisensory Processes [M]. Cambridge, MA: MIT Press, 2012.

SUTER R. Predictors of pronunciation accuracy in second language learning [J]. Language Learning, 1976,2,6:233 – 253.

SUZUKIDA Y, SAITO K. What is Second Language Pronunciation Proficiency? An Empirical Study [J]. System, 2022:106.

TARONE E E. The phonology of interlanguage [C] // IOUP G, WEINBERGER S H. (eds.), Interlanguage Phonology, 1987:70 – 85.

THE INTERNATIONAL PHONETIC ASSOCIATION. Handbook of the International Phonetic Association: A Guide to the Use of the International Phonetic Alphabet [M]. Cambridge: Cambridge University Press, 1999.

THOMPSON I. Foreign accents revisited: The English pronunciation of Russian immigrants [J]. Language Learning, 1991,41:177 – 204.

THOMPSON R I. High variability pronunciation training (HVPT): A proven technique about which every language teacher and learner ought to know [J]. Journal of Second Language Pronunciation, 2018(4):208 – 231.

TREMBLAY M C. L2 influence on L3 pronunciation: Native-like VOT in the L3 Japanese of English-French bilinguals [R]. Paper presented at the Satellite Workshop of ICPhS XVI, Germany: Freiburg, 2007:3 – 4.

VENDITTI J. Japanese ToBI labelling guidelines [J]. Ohio State University Working Papers in Linguistics, 1995,50:127 – 162.

VENDITTI J. The J_ToBI model of Japanese intonation [C] // JUN SA. (ed.), Prosodic Typology: The Phonology of Intonation and Phrasing, 2005:172 – 200. Oxford University Press.

VENKATAGIRI H S, LEVIS J M. Phonological awareness and speech comprehensibility: An exploratory study [J]. Language Awareness, 2007, 16(4):263 – 277.

WANG W, ZHANG J S. Factors predicting human performance in error annotation for non-native speech corpus [J]. Speech Communication, 2023,149(4):38 – 46.

WILLIAMS S, HAMMARBERG B. Language switches in L3 production: Implications for a polyglot speaking model [J]. Applied Linguistics, 1998, 19:295 – 333.

WREMBEL M. Metalinguistic awareness in third language phonological acquisition [C] // ROEHR K. GÁNEM-GUTIÉRREZ G A. (eds.), The Metalinguistic Dimension in Instructed Second Language Learning, 2013: 119 – 143, London: Bloomsbury.

WREMBEL M. VOT patterns in the acquisition of third language phonology [J]. Concordia Working Papers in Applied Linguistics, 2014(5):750 – 770.

WREMBEL M. Cross-linguistic Influence in Second vs. Third Language Acquisition of Phonology [C] // GUT U, FUCHS R, WUNDER E-M. (eds.), Universal or Diverse Paths to English Phonology, 2015:41 – 70, Berlin: Mouton De Gruyter.

XU Y. ProsodyPro: A Tool for Large-scale Systematic Prosody Analysis [C]//Proceedings of Tools and Resources for the Analysis of Speech Prosody (TRASP 2013), 2013:7 – 10,France: Aix-en-Provence.

ZHANG C, JEPSON K, LOHFINK G, ARVANITI A. Comparing acoustic analyses of speech data collected remotely [J]. The Journal of the Acoustical Society of America, 2021,149(6):3910 – 3916.

日文

蔡茂豊.「中国人に対する日本語の音声教育」[J].『日本語教育』, 1976, 30: 109 – 121.

蔡全勝.「中国人に見られる日本語アクセントの傾向」[J].『在中華人民共和国日本語研修センター紀要　日本語教育研究論纂』, 1983(1):26 – 31.

鈴木義昭.「中国語教育と日本語教育」[J].『日本語教育』, 1984, 55: 59 – 70.

松本丁俊.『中国語音声学概論』[M]. 東京:白帝社, 1986.

杉藤美代子,神田靖子.「日本語と中国語話者の発話による日本語の無声及び

有声破裂音の音響的特徴」[J].『大阪樟蔭女子大学論集』, 1987, 24: 67 - 89.

土岐哲, 村田水恵.『発音・聴解』[M]. 東京:荒竹出版, 1989.

藤崎博也.「日本語の音調の分析とモデル化—語アクセント・統語構造・談話構造と音調との関係」[C]//『講座日本語と日本語教育—日本語音声と音韻(上)』, 東京:明治書院, 1989: 266 - 297.

クロードロベルジュ, 木村匡康.『日本語の発音指導—VT 法の理論と実践』[M]. 東京:凡人社, 1990.

吉田則夫.「清音と濁音の區別—日本人中國人の場合—」[C].『講座日本語と日本語教育 3 日本語の音声音韻(下)』, 東京:明治書院, 1990: 198 - 218.

谷口聡人.「音声教育の現状と問題点—アンケート調査の結果について—」[C]//水谷修・鮎澤孝子(編)『シンポジウム日本語音声教育・韻律の研究と教育をめぐって』, 東京: 凡人社, 1991: 20 - 25.

小林哲則, 板橋秀一, 速水悟, 竹沢寿幸.「日本音響学会研究用連続音声データベース」[J].『日本音響学会誌』, 1992, 48(12):888 - 893.

匂坂芳典, 浦谷則好.「ATR 音声 言語データベース」[J].『日本音響学会誌』, 1992, 48(12): 878 - 882.

周錦樟.「ケース 24 中国語話者への教育」[J].『ケーススタディ日本語教育』, 東京:桜楓社, 1992: 34 - 57.

内田照久.「中国人日本語学習者における長音と促音の聴覚的認知の特徴」[J].『教育心理学研究』, 1993, 41(4):414 - 423.

小河原義朗.「外国人の日本語の発音に対する日本人の評価」[J].『東北大学文学部日本語学科論集』, 1993(3): 1 - 13.

清水克正.「閉鎖子音の音声的特徴—有声性/無声性の言語間比較について—」[J].『Journal of Asian and African Studies』, 1993, 45: 163 - 176.

朱春躍.「中国語話者の日本語アクセントの習得. 国際化する日本語—話し言葉の科学と音声教育—」[C]// 第 7 回「大学と科学」公開シンポジウム組織委員会編, 1993: 180 - 182.

助川泰彦.「母語別に見た発音の傾向—アンケート調査の結果から—」[C]//『文部省重点領域研究日本語音声と日本語教育—平成 4 年度研究成果報告書—』, 1993, 187 - 222.

楊立明.「中国語話者の日本語述部の韻律に見られる母語の干渉」[C].『文部省重点領域研究日本語音声と日本語教育―平成4年度研究成果報告書―』, 1993, 103 - 122.

内田照久.「外国人のための日本語音声教育における特殊拍の問題をめぐる基礎的研究の課題――音声科学に視座をおいた教育心理学からのアプローチ」[J].『教育心理学』, 1994, 41: 87 - 102.

朱春躍.「中国語の有気・無気子音と日本語の有声・無声子音の生理的・音響的・知覚的特徴と教育」[J].『音声学会会報』, 1994, 205: 34 - 62.

白畑知彦.『年齢と第二言語習得. 第二言語習得研究に基づく最新の英語教育』[M]. SLA研究会, 1994: 147 - 166.

植田栄子.「タイ語母語話者の日本語アクセントの知覚と生成の特徴―効果的な韻律教育に向けて―」[J].『日本語教育学会春季大会予稿集』, 日本語教育学会, 1995: 103 - 108.

串田真知子, 城生佰太郎, 築地伸美, 松崎寛, 劉銘傑.「自然な日本語音声への効果的なアプローチ:プロソディーグラフ―中国人学習者のための音声教育教材の開発」[J].『日本語教育』, 1995, 86: 39 - 51.

佐藤友則.「単音と韻律が日本語音声の評価に与える影響力の比較」[J].『世界の日本語教育』, 1995, 5: 139 - 154.

福岡昌子.「北京/上海語を母語とする日本語学習者の有声/無声破裂音の横断的及び縦断的習得研究」[J].『日本語教育』, 1995, 87: 40 - 53.

小河原義朗.「外国人日本語学習者の発音学習における自己評価」[J].『教育心理学研究』, 1997, 45: 45 - 47.

李明姫, 鮎澤孝子, 李世連.「韓国語母語話者の「東京アクセントの聞取りテスト」の結果分析」[R]//水谷修(編著)『21世紀の日本語音声教育に向けて(新プロ「日本語」平成8年度研究成果報告書)』, 1997: 23 - 30.

河野俊之, 松崎寛.「リピートだけでどれだけ発音がよくなるか」[C].『日本語教育学会秋季大会予稿集』, 1998: 159 - 164.

戸田貴子.「日本語学習者による促音, 長音, 撥音の知覚範疇化」[J].『文藝言語研究言語篇』, 1998, 33: 65 - 82.

福岡昌子.「イントネーションから表現意図を識別する能力の習得研究―中国4方言話者を対象に自然合成音声を使って」[J].『日本語教育』, 1998,

96：37 - 48.

現代日本語研究会編.『女性の言葉 職場編』[M]．東京：ひつじ書房，1999.

助川泰彦.「ブラジル人日本語学習者の2モーラ語と3モーラ語のピッチ実現」[J].『音声研究』，1999，3(3)：13 - 25.

田中真一，窪薗晴夫.『日本語の発音教室』[M]．東京：くろしお出版，1999.

堀内靖雄，中野由紀子，小磯花絵，石崎雅人，鈴木浩之，岡田美智雄，仲真紀子，土屋俊，市川熹.「日本語地図課題対話コーパスの設計と特徴」[J].『人口知能学会誌』，1999，14(2)：261 - 272.

伝康晴，ジョンフライ.「日本語 CallHome コーパス」[J].『音声研究』，2000，4(2)：24 - 30.

岩田礼.「中国語の声調とアクセント」[J].『音声研究』，2001，5(1)：18 - 27.

中川千恵子.「「発音」クラスにおけるプロソディー指導—ピッチカーブを利用した指導法の実践」[J].『講座日本語教育』，2001，37：130 - 150.

中東靖恵.「単語読み上げにおける韓国人日本語学習者のピッチ実現」[J].『日本語教育』，2001，109：80 - 89.

現代日本語研究会編.『男性の言葉 職場編』[M]．東京：ひつじ書房，2002.

尤東旭.「中国人日本語学習者によく見られるアクセントの問題点」[J].『留学生センター紀要』，2002(5)：77 - 87.

李活雄，村島健一郎.「借用語に見られる音声混同—香港広東語話者の日本語 n-/r-の混同から—」[J].『音声研究』，2002，6(2)：98 - 104.

大曾美恵子，滝沢直宏.「コーパスによる日本語教育の研究—コロケーション及びその誤用を中心に—」[J].『日本語学』，2003(5)：234 - 244.

窪薗晴夫.「音韻獲得と言語の普遍性」[J].『音声研究』，2003，7(2)：5 - 17.

坂本恵.「中国人学習者のための発音指導について」[J].『留学生日本語教育センター論集』，2003，29：171 - 181.

戸田貴子.「外国人学習者の日本語特殊拍の習得」[J].『音声研究』，2003(2)：70 - 83.

峯松信明，仁科喜久子，中川聖一.「外国語学習用読み上げ音声データベース」[J].『日本音響学会誌』，2003，59(6)：345 - 350.

江崎哲也，田川恭識，岡田祥平，尹英和，岡本耕介，嵐洋子，出野晃子，橋本貴子，土岐哲.「『非母語話者による日本語話し言葉コーパス』の構築」[J].

『電子情報通信学会技術研究報告』,2004：41－46.

河野俊之,串田真知子,築地伸美,松崎寛.『1日10分の発音指導』[M]．東京：くろしお出版,2004.

佐藤直昭.「情報構造とトーンサンディー上海語の"啥人VP?"の例からー」[J].『中国語学研究開篇』,2004,23：165－172.

戸田貴子.『コミュニケーションのための日本語発音レッスン』,東京：スリーエーネットワーク,2004.

宮田スザンヌ編.『今日から使える発話データベースCHILDS入門』[M]．東京：ひつじ書房,2004.

川上蓁.『日本語アクセント論集』(第3版)[M]．東京：汲古書院,2005.

玉井健.『リスニング指導法としてのシャドーイングの効果に関する研究』[M]．東京：風間書房,2005.

劉佳琦.「中国(北方・上海)方言話者による日本語有声・無声破裂音の知覚に関する一考察―初級学習者を対象として―」[J].『早稲田大学日本語教育研究』,2005,6：79－90.

秋田祐哉,河原達也.「話し言葉音声認識のための汎用的な統計的発音変動モデル」[J].『電子情報通信学会論文誌D―Ⅱ』J88―D―Ⅱ,2006(9)：1780―1789.

窪薗晴夫.『アクセントの法則』[M]．東京：岩波書店,2006.

栗原通世.「中国語北方方言を母語とする日本語学習者による母音長の制御と長短の知覚」[J].『音声研究』,2006,10(2)：77－85.

斉藤仁志,吉本惠子,深澤道子,小野田知子,酒井理恵子.『シャドーイングで日本語を話そう』[M]．東京：くろしお出版,2006.

戸田貴子.「臨界期を過ぎて学習を開始した日本語学習者にネイティブレベルの発音習得は可能か」[R]//『第二言語における発音習得プロセスの実証的研究(平成16年度～17年度科学研究費補助金基盤研究(C)(2)研究成果報告書)』,2006：1－14.

平野宏子.「中国語話者の日本語朗読音声の韻律的特徴と母語話者評価」[J].『電子情報通信学会技術研究報告』,2006：23－28.

望月通子.「シャドーイング法の日本語教育への応用を探る―学習者の日本語能力とシャドーイングの効果に対する学習者評価との関連性を中心に」

[J].『視聴覚教育』, 2006, 29：37 - 53.

山本富美子.『音声言語理解のメカニズム—中国語系話者の日本語破裂音の弁別能力と聴解力をめぐって』[D]. 名古屋外国語大学博士学位論文, 2006.

戸田貴子, 劉佳琦.「シャドーイングコース開設に向けての基礎研究」[J].『日本語教育方法研究会誌』, 2007, 14(1)：8 - 9.

山田伸子.「日本語學習者および茨城方言話者による東京方言アクセントの習得—その類似點と相違點について」[J].『音声研究』, 2007, 11(3)：23 - 37.

川口義一.「VT(ブェルボ・トナル)法による日本語音声指導」[C]// 戸田貴子(編)『日本語教育と音声』, 東京：くろしお出版, 2008：117 - 138.

小熊利江.『発話リズムと日本語教育』[M]. 東京：風間書房, 2008.

戸田貴子.「大人になってからでも発音の習得は可能か」[C]//戸田貴子編, 『日本語教育と音声』, 2008：43 - 60.

劉佳琦.「中国語母語話者における日本語の有声・無声破裂音の混同—母方言干渉を考慮した上で—」[C]//戸田貴子編『日本語教育と音声』くろしお出版, 2008：141 - 162.

李在鎬, 長谷部陽一郎, 柴崎秀子.「読解教育支援のためのリーダビリティー測定ツールについて」, 言語処理学会年次大会鳥取大学, 2009.

国際交流基金.『日本語教授法シリーズ 2—音声を教える』[M]. ひつじ書房, 2009.

斎藤純男.『日本語音声学入門(改訂版)』[M]. 東京：三省堂, 2009.

土岐哲, 江崎哲也, 岡田祥平.「『非母語話者による日本語話し言葉コーパス』の可能性」[J].『日本語教育』, 2009, 142：14 - 24.

中川千恵子, 中村則子, 許舜貞.『さらに進んだスピーチ・プレゼンのための日本語発音練習帳』[M]. 東京：ひつじ書房, 2009.

平野宏子.「母語話者と中国語話者の日本語朗読音声の基本周波数パターンの比較」[J].『日本音響学会誌』, 2009, 65(2)：69 - 80.

古井貞煕.『人と対話するコンピュータを創っています—音声認識の最前線』[M]. 東京：角川学芸出版, 2009.

前川喜久雄.「日本語学習者音声研究の課題」[J].『日本語教育』, 2009, 142：4 - 13.

大久保雅子.「日本語学習におけるナ行音、ラ行音の聴取混同—香港広東語母語話者を対象として」[J].『早稲田日本語教育学』, 2010(7)：97－109.

唐澤麻里.「シャドーイングが日本語学習者にもたらす影響—短期練習による発音面および学習者意識の観点から」[J].『お茶の水女子大学人文科学研究』, 2010(6)：209－220.

柴崎秀子, 原信一郎.「学年を難易尺度とする日本語リーダビリティー判定式」[J].『計量国語学』, 2010, 27(6)：215－232.

朱春躍.『中国語・日本語音声の実験的研究』[M]. 東京：くろしお出版, 2010.

前川喜久雄.「日本語有声破裂音における閉鎖調音の弱化」[J].『音声研究』, 2010, 14(2)：1－15.

本橋美樹.「促音聞き取りにおける視覚情報の効果」[J].『日本語教育論集』, 2010, 20：43－52.

劉佳琦.「中国語母語話者(北京・上海出身者)による複合動詞の東京語アクセントの習得」[J].『早稲田日本語教育学研究』, 2010, 8：15－28.

李在鎬.「大規模テストの読解問題作成過程へのコーパス利用の可能性」[J].『日本語教育』, 2011, 148：84－98.

高田三枝子.『日本語の語頭閉鎖音の研究—VOT の共時的分布と通時的変化—』[M]. 東京：くろしお出版, 2011.

前川喜久雄.「PNLP の音声的形状と言語的機能」[J].『音声研究』, 2011, 15(2)：16－28.

前川喜久雄.『コーパスを利用した自発音声の研究』[D]. 東京：東京工業大学大学院情報理工学研究科計算工学専攻, 2011.

劉佳琦.『日本語有声/無声破裂音の習得及び教育』[M]. ソウル：新星出版社, 2011.

李在鎬, 柴崎秀子.「文章の難易度と語彙の関連性に関する考察～学年の違いを特徴づける語彙的要素とは何か～」[J].『コーパスとテキストマイニング』, 2012：181－192.

清水克正.「タイ語話者による第 3 外国語学習における VOT に関する考察」[J].『名古屋学院大学論集言語文化編』, 2012, 24：61－72.

戸田貴子等.『シャドーイングで日本語発音レッスン』[M]. 東京：スリーエ

ーネットワーク, 2012.

松崎寛.「音声認識技術を用いた日本語韻律練習用ソフトの開発」[J].『文藝言語研究言語編』, 2012, 66: 177-190.

劉佳琦.『日本語の動詞アクセントの習得』[M]. 早稲田大学出版部, 2012.

嵐洋子.「持続時間及び高さの変動が長音の知覚に与える影響—中国語北方方言を母語とする日本語学習者を対象とした調査報告」[J].『杏林大学外国語学部紀要』, 2013, 25: 129-138.

中俣尚己, 漆田彩, 小野真依子, 北見友香, 竹原英里.「Skype を活用した日中会話交流プログラム」[J].『実践国文学』, 2013, 83: 132-109.

劉菲.『中国人日本語学習者にける促音の生成について——リズムパターンによる影響を中心に』[D]. 神戸:神戸大学国際文化学研究科修士論文, 2013.

小磯花絵.「日本語自発音声における複合境界音調と統語構造との関係」[J].『音声研究』, 2014(1):57-69.

田川恭識, 中川千恵子.「東京方言における形容詞連用形・終止形・連体形のアクセントについて—話し言葉コーパスの分析を通して」[J].『音声研究』, 2014, 18(3): 14-26.

平野宏子.「「総合日本語」の授業で行うゼロ初級からの音声教育の実践—アクセント、イントネーションの自然性を重視した視覚化補助教材の使用」[J].『国立国語研究所論集』, 2014, 7: 45-71.

劉佳琦.「中国における日本語音声教育の現状と課題」[J].『早稲田日本語教育学』, 2014, 16:105-116.

渡辺裕美, 松崎寛.「発音評価の相違—日本人教師/ロシア人教師/一般日本人の比較」[J].『日本語教育』, 2014, 159:61-75.

大久保雅子.「中国語方言がナ行音・ラ行音・ダ行音の聴取に与える影響—広東語話者と四川方言話者を比較して」[J].『日本語教育における日中対照研究・漢字教育研究』, 東京:駿河台出版社, 2015: 331-348.

籠宮隆之.「第6章　印象評定情報」[J].『講座日本語コーパス3　話し言葉コーパス設計と構築』(小磯花絵編), 2015: 131-151.

小磯花絵.『講座日本語コーパス 話し言葉コーパス—設計と構築』[M]. 東京:朝倉書店, 2015.

寺田昌代.「中国人学習者による日本語母音の発音再考」[J].『汉日语言对比研究论丛』,2015(6)：174 - 189.

峯松信明.「日本語音声・テキストコーパス情報処理に基づくオンライン韻律教育インフラの構築」[J].『音声研究』,2015,19(1)：18 - 31.

劉佳琦.「動詞「テイル形」の東京語アクセントの習得と教育—北京・上海方言話者を対象として」[C]//『日本語教育における日中対照研究・漢字教育研究』,東京：駿河台出版社,2015：349 - 368.

木下直子,田川恭識,角南北斗,山中都.「自律学習を促進させるためのシステムづくり—Web 教材「つたえるはつおん」の開発—」[J].『早稲田日本語教育実践研究』,2016(5)：141 - 150.

胡偉.「中国人学習者による日本語の両唇破裂音の知覚について—パ・バの習得を中心に—」[J].『早稲田日本語教育学』,2016,20:49 - 67.

塩田雄大.「新・アクセント辞典ポイント解説！——改訂から見える"放送のことば"」[C]//『NHK 文研フォーラム 2016 配布資料』,2016.

戸田貴子.「MOOCs(Massive Open Online Course)による日本語発音講座—発音の意識化を促す工夫と試み」[J].『早稲田日本語教育学』,2016,21：87 - 91.

山内博之.「話題による日本語教育の見取り図」[C]// 岩田一成（編）『語から始まる教材作り』,東京：くろしお出版,2018：3 - 16.

劉佳琦.「第三言語としての日本語破裂音の知覚習得について」[J].『早稲田日本語教育学』,2019,26：127 - 146.

野田尚史.『日本語非母語話者の聴解コーパス』(www. nodahisashi. org/jsl—rikai/choukai/index. html),2020.

劉羅麟.「中国語成都・重慶方言話者によるナ行音・ラ行音の知覚混同—子音・母音・音環境に着目して」[J].『早稲田日本語研究』,2020,29：1 -12.

小磯花絵,天谷晴香,石本祐一,居關友里子,臼田泰如,柏野和佳子,川端良子,田中弥生,伝康晴,西川賢哉,渡邊友香.「『日本語日常会話コーパス』の設計と特徴」[J].『言語処理学会第 28 回年次大会発表論文集』,2022：2008 -2012.

峯松信明,平野宏子,中川千恵子他. OJAD (Online Japanese Accent Dictionary) [OL]. http://www. gavo. t. u-tokyo. ac. jp/ojad/chi/pages/home,2022.

索 引

后 记

　　本书的出版得益于各位师友的支持与帮助。研究团队成员日本神户大学朱春跃教授、厦门大学任星副教授、中国人民大学柳悦博士为本研究提供了各方面的资源，这也激励着我本人不懈努力、不断成长。中国日语学习者中介语语音语料库的语音数据采集离不开北京大学、北京外国语大学、复旦大学、上海外国语大学、同济大学、厦门大学、淡江大学、东吴大学师生们的大力相助。复旦大学本科生王梦杨、研究生阮琳榕、研究生罗静参加了该语料库的标注工作。此项工作需要耗费大量的时间和精力，标注团队反复推敲标注方案和标签细节，又一次次经历了检查和修改甚至重新标注，十分不易。本研究在规划期间和立项之初还获得了上海外国语大学毛文伟教授与日本国立国语研究所前川喜久雄教授的鼓励和提点。在此，谨表诚挚谢意。

　　本书在中国日语学习者中介语语音语料库的设计、采样、标注、建库方面做了诸多细致工作，突破了原有的研究范式。然而语料库工作任重而道远，本项目也还有工作尚未完成。以下这些将成为项目负责人及团队成员的下一步工作重点。首先，本语料库目前还未开放语料检索功能，此项工作有必要继续跟进。公开语料数据并开发检索功能可以进一步拓展本语料库的应用空间。其次，从语音语料的可添加性、标注系统的复用性、面向二语语音教学的人机互动接口方面继续探索，使本语料库发展更具可持续性。

　　中国的日语语音学研究领域的研究型人才缺口很大。早年广东外贸外语大学的杨诎人教授、日本神户大学的朱春跃教授等学者曾做过多项高质量研究，亦为吾辈指明了未来的发展方向，奠定了扎实的科研基础。作者热切期盼日语语音学研究的后起之秀能接过这面旗帜，为中国的日语语音学研究与教学事业作出贡献。希望本研究能为他们搭建一个舞台，耕好一片沃土，待到彼时春暖花开，硕果累累。